成爲正念父母，教出自愛、自信與自覺的孩子

愛與覺知的教養

PARENTING WITH PRESENCE

Practices for Raising Conscious, Confident, Caring Kids

by **Susan Stiffelman**

蘇珊·史帝佛曼——著　謝佳真——譯

獻給我們正在養育的孩子，
以及住在我們心中的內在小孩，
願你們覺得出來玩耍、跳舞、發光是安全的。

目錄

第三章 如實接受孩子的本來面目 83

第四章 給孩子留點不滿足的空間 111

第五章 成爲孩子自愛與自覺的典範 125

第六章 有覺知且正向的溝通藝術

第七章 以身教教導孩子如何面對錯誤

各界讚譽

「這正是爲人父母所需要的建議與支持！老練、睿智、實用的《愛與覺知的教養》，協助父母們深呼吸，以慈悲、愛、正念照顧自己和孩子們。」

——傑克・康菲爾德（Jack Kornfield），《踏上心靈幽徑》作者、楚蒂・古德曼（Trudy Goodman）博士，「頓悟洛杉磯」（InsightLA）創辦人

「我帶領由成千上萬成員組成的家長團體六年了，這六年來，我只推薦一本親子教養書：《教養不是作戰》。現在，總算多了一本我堅持要他們看的書了：《愛與覺知的教養》。我把自己的心、我的家人、我的社群都託付給蘇珊・史帝佛曼，因爲她明白親職不只是一份差事，更是靈性的修持——那是條通往療癒、眞理、神的道路。她知道我家每天的情況是既粗暴、又美麗、又艱難、又神聖。她了解我們在養育孩子時，也同時在教育我們自己。在《愛與覺知的教養》中，與父母並肩同行的蘇珊，既是專家，也是嚮導、諮商師、朋友、療癒師。這本書會協助成人療癒自己，這麼一來，他們所養育的孩子就不會需要那麼多療癒了。」

——葛倫儂・道爾・梅爾頓（Glennon Doyle Melton）

「紐約時報」暢銷書榜《堅持下去吧，戰士》（*Carry On, Warriors*）作者

非營利機構「共同提升」（Together Rising）總裁，Momastery.com 創辦人

「《愛與覺知的教養》溫柔卻強力地提醒我們，我們的覺察力、我們的沉著、遇到壓力時見招拆招而不情緒化反應的能力，都是養育健康孩子的基礎。重點在我們爲人父母者，而不是孩子們。我們從自己身上下工夫，就能阻斷使情況雪上加霜的負面能量流。這是一部重要的著作。」

——提姆・萊恩（Tim Ryan）

美國俄亥俄州議員，《正念國度》（*A Mindful Nation*）作者

「蘇珊・史帝佛曼以清晰、明智、眞誠、詩意的文字，讓我們看見微妙親子關係中的恩典與挑戰，可謂是親子共同成長、療癒、連結的溫床。孩子會決定我們星球的未來，蘇珊則爲我們奠定基礎，讓我們引導新生代走向一個較少傷痛、人道、連結的世界——就從我們自己開始。我很感激蘇珊寫了這部有影響力的作品。」

——艾拉妮絲・莫莉塞特（Alanis Morissette）

歌手、作曲家、行動主義者

「誰知道在隔壁房間哭泣的孩子或青少年，其實是我們的靈性導師？誰會想到令人討厭的鬧情緒和挑釁行爲，有助我們走向更覺察、更靈性、有效率、甚至愉快的親子教養關係？蘇珊・史

帝佛曼在這部創新、平易近人的教戰手冊中，傳授養育出意識更清明、更有感情的孩子（跟我們自己）所需的全部知識。信不信由你，這能教養出冷靜沉著的人類。」

——凱西・艾爾登（Kathy Eldon）

創意願景基金會（Creative Visions Foundation）創辦人暨主席

「我從母親那裡摸來這本書，並且欲罷不能地讀完！應該強制所有父母閱讀這部精采的著作。眞恨不得這本書快快出版，我才能送給所有認識的人。」

——艾咪・艾爾登・特透陶博（Amy Eldon Turteltaub）

創意願景基金會共同創辦人暨副總裁

「體恤的柔情，貫穿這一部睿智又實在的親職指南，教人以更覺察的心爲人父母。你可以感覺到蘇珊・史帝佛曼眞心關愛她所輔導的家庭，她相信我們每個人都能夠成長到克服親職的挑戰，鍛練出教養的才能。這本書從各個層面，精采地闡明孩子最需要我們做到的事，以及爲了孩子、爲了我們自己培養這些能力、汲取這些能力的練習。」

——麥菈・卡巴金、喬・卡巴金（Myla and Jon Kabat-Zinn）

《正念父母心，享受每天的幸福》作者

「在我好久以來看過的親子教養書裡面，這是名列前茅的一本。蘇珊・史帝佛曼以清楚、溫暖、智慧的文字，在靈性蛻變與親子教養的俗世現實之間，搭起橋梁。《愛與覺知的教養》寫滿了將父母送上療癒與喜樂之路的眞知灼見。我高度推薦。」

——艾立夏・高斯坦（Elisha Goldstein）博士

《發掘快樂：以正念和自我慈悲克服憂鬱》（*Uncovering Happiness: Overcoming Depression With Mindfulness and Self-Compassion*）作者

「身爲人母，《愛與覺知的教養》裡的見解和練習，令我感動萬分。蘇珊・史帝佛曼靈巧地探討許多親職專家迴避的主題——恐懼、愧疚、羞恥感的深層成因，這些都會阻礙我們全然臨在（present），去處理親職中我們覺得最棘手的部分。這是給我們所有人的美麗獻禮。我會一直送這本書給父母們，不論他們是新手或身經百戰。」

——凱薩琳・伍沃德・湯瑪斯（Katherine Woodward Thomas）

《清醒分手》（*Conscious Uncoupling*）作者

「本書是有見地的親子教養指南，教你養育出懂得關懷、快樂、有韌性的孩子，同時療癒自己尚未解決的童年傷痛。《愛與覺知的教養》充滿高明的教養智慧，還有取材自現實生活的豐富範例。這絕對是一部佳作！」

——瑪西．許莫芙（Marci Shimoff）

《快樂，不用理由》作者

「凡是想讓孩子了解人生怎樣才算眞正成功的父母，《愛與覺知的教養》會是無價的參考書。蘇珊．史帝佛曼以實用的訣竅及私房故事，示範如何打造充滿愛的親密家庭關係，娓娓道出爲人父母者也可以脫胎換骨、心滿意足。」

——雅莉安娜．哈芬登（Arianna Huffington）

《從容的力量》作者

「在《愛與覺知的教養》中，大名鼎鼎的專家蘇珊．史帝佛曼，傳授了兼具智慧與慈悲的教養方式。她在這部了不起的作品裡所分享的方法絕對務實，可協助爲人父母者與孩子建立洋溢著慈愛與慈悲的連結，同時激發我們最好的一面——我們的臨在、喜悅、體貼、寬容。」

——圖登．金巴（Thupten Jinpa）

達賴喇嘛英文譯者，《無畏的心》（*A Fearless Heart*）作者

「閱讀《愛與覺知的教養》時，我一直對自己說：『但願我的父母當年看過這本書！』總算有一本談到『內在小孩』所有層面的親子教養書了，而且書中給我們每個人的指引，不但具有教育功能，還能改造、提升、滋養親子雙方。太棒了！」

——珍娜・布瑞・艾特伍（Janet Bray Attwood）

「紐約時報」暢銷書榜《熱情測驗：不費吹灰之力發掘你的人生目的》（*The Passion Test: The Effortless Path to Discovering Your Life Purpose*）作者

「《愛與覺知的教養》披露的核心祕密，在於『臨在』是跟孩子互動的唯一有效方式。臨在包括支持與章法——做得到，孩子就會成長茁壯；否則，孩子就會一團混亂，教養則會成為惡夢。第二個祕密在於教養是成長的歷程，而孩子是你的最佳老師。了解這兩個祕密，可避免只滋養而無章法的教養，也可避免空有雕塑而無滋養的教養。這本書讓我們對促進文化健康的教養程序，有了新的認識。推薦給全天下的父母和準父母。」

——哈維爾・漢瑞克斯（Harville Hendrix）博士、

海倫・拉凱利・杭特（Helen LaKelly Hunt）博士

《滋潤的愛》作者

【推薦序】

覺知的父母來自當下的力量

想想要取得駕駛汽車的資格，就必須通過理論和實務的考試，以免危害自己和別人的安全。除了最簡易的工作，每件工作都有一定的資格要求，複雜點的還得經過多年訓練。但難度名列前茅又攸關重大的工作——親職，卻不必先受訓或取得資格。

「親職是最多業餘人士的大本營。」作家艾文．托佛勒（Alvin Toffler）如此寫道。缺乏親職知識或教育，是那麼多父母感到力不從心的一個原因（不過我們會在本書中看到，這並不是主因）。這些父母不見得沒有滿足兒童的生理、物質需求。他們或許真的很愛孩子，想給孩子最好的，只不過孩子幾乎每天都會拋出棘手的教養問題，令他們束手無策；而對成長中孩子的情緒、心理、靈性需求，父母也感到不知所措。

舊時代的父母是極度專制的，而在現代社會，很多父母沒能給孩子迫切需要並殷殷期盼的明確指引。往往，孩子們的生活環境全然沒有章法，就像被船長拋棄的船一樣，群龍無首，在汪洋中漂流。蘇珊・史帝佛曼說得很貼切——父母不明白，孩子需要他們擔任「船長」。「船長」一詞絕對不是指我們要回歸專制的管教模式，而是在秩序過度嚴明和混亂無序之間，找到平衡點，摸索出中庸之道。

但說到底，家庭功能失調的深層原因，並不是父母的知識或教育不足，而是缺乏覺察（又稱「正念」或「臨在」〔presence〕）。父母不夠覺察，在教養兒女時便不可能有覺知！多數人免不了不時地會喪失覺察，但意識清明的父母，在日常生活中可以維持一定程度的覺知。當你不覺察，你看待孩子的眼光就跟大家沒兩樣，是建立在心智的制約上——你受制於精神上或情緒上的反應模式、信念，以及你從父母身上和成長環境中學來的渾然不覺的假設。

這些模式，很多都能回溯到不知多少世代之前的遙遠過去。但如果你能夠覺察（我比較喜歡稱爲臨在），你就能覺知到自己的心智、情緒、行爲模式。你開始能夠選擇自己要如何回應孩子，而不盲從於以前的模式。還有，最要緊的是，你不會再把這些模式傳承給孩子。

不臨在的話，你只能以思考的心智（thinking mind）和情緒跟孩子連結，而不是透過較深層的本體（Being）狀態。即使你只**做**對的事，你和孩子的關係，依舊缺少了最重要的元素：本體的層面，這屬於靈性的範疇。亦即，你與孩子之間根本沒有較深層的連結。

孩子憑著本能，就知道自己跟你的關係，缺少了某種極爲重要的東西。你不曾全然臨在，從來沒有，你總是在自己的心智裡。孩子會不自覺地認定你扣留了某種重要的東西，或者說，他們會那樣覺得。這經常導致孩子有股說不上來的怒意或怨懟，這種情緒可能會以各種形式宣洩出來，或是蟄伏到青春期才發作。

儘管親子之間的疏離乃是常態，然而改變正在發生。懂得覺察的父母愈來愈多，他們可以超脫心智的制約模式，從較深層的存在狀態與孩子建立連結。

造成親職功能不彰或無意識的原因有二：一方面，關於養兒育女，在過度專制的老派作風與現代同樣失衡的作風之間，缺乏取得平衡的知識或教育。另一方面，在比較根本的層次上，則是父母缺乏臨在或清明的覺察。

有很多書籍已經爲那些會看書的父母，提供有益的「教戰守則」；卻還沒有多少書籍探討父母缺乏覺知力的情況，並指引父母如何在親職的日常挑戰中，培養自己的覺察力。蘇珊·史帝佛曼的書，在兩個層面上都能協助讀者，我們可以稱之爲「做」（doing）和「在」（being）。她傳授「做」（佛教稱爲「正行」）的深刻知識，同時不忽略更爲基本的「在」的層面。

《愛與覺知的教養》告訴父母，如何將教養兒女變成靈性修持，將孩子挑戰你的方式，變成一面供你檢視自己目前不自覺的模式的鏡子。一旦你覺察到這些模式，你就能開始超越它們。

作家彼得．德．維里斯（Peter De Vries）寫道：「我們之中有誰是在下一代誕生之前，就成熟到能夠教養下一代？婚姻的價值不在於讓成年人繁衍兒女，而是藉由教養兒女，讓人長成大人。」不論我們是已婚或單親，兒女絕對能幫助我們成長爲比較成熟的人類。對，是孩子讓人變成大人，但更重要的是，蘇珊．史帝佛曼這一部獨一無二的著作，會讓你看到孩子如何磨練出有**覺察力**的成人。

——艾克哈特．托勒（Eckhart Tolle）

《當下的力量》、《一個新世界》作者

> 自認為走個人成長路線的父母，或是以為不大呼小叫、不權力鬥爭就能教養出快樂孩子的父母，常常很難接受養育兒女的現實情況，尤其是當孩子的需求或性格不容易應付時。

【前言】

「自我覺察」是身爲父母的必修課

初爲父母的教養難題

安琪工作幹勁十足。她在一家小型身心健康雜誌社擔任編輯，工作效率高，做事周全且準時交差。她的部屬有時會覺得她管太多，但她不辭勞苦地打造宜人的工作環境，提供大方的福利，諸如彈性的遠端辦公選項、擺滿有機零食的休息室。但安琪追求的生活，不是只重視生產力。她每天都要先聽一段引導式靜心冥想後，才展開一天的工作。孩子出生前，她跟先生艾瑞克只要有空，都會很有心地參加瑜伽營。

艾瑞克在他們家裡經營一間小型網路行銷公司。他擅長跳出框架思考，且由於他創意十足，又有吃苦耐勞、準時完成任務的名聲，使得他的事業蒸蒸日上。

他們的兒子查理誕生時，安琪和艾瑞克開心極了。他們決心建立跟自己原生家庭不一樣的成長環境。對安琪來說，這表示要給孩子她原生家庭所缺乏的向心力和連結——她酗酒的母親對女兒們很冷淡，以致安琪和姊妹們通常只能自立自強。艾瑞克的父母雖然會管教小孩，但卻管得太多，一手操控了艾瑞克兄妹的活動；套句艾瑞克的話，就是搶走他們的發言權。安琪和艾瑞克決心要給孩子自己童年時沒有的自由和關注。

查理漸漸長大後，安琪和艾瑞克很欣慰兒子發展出鮮明的性格。但查理的個性急躁，因此容易感到挫敗，情緒一發作就很難收拾。在幼兒階段時，查理只要稍微不順心，就會大發雷霆。爲了當個慈愛、關懷孩子的父母，安琪和艾瑞克努力向小查理解釋爲什麼事情不能如他所願，誰知查理卻變本加厲。儘管查理很高興自己要到「大男生的學校」上學，但進了幼兒園以後，他卻對學校的規矩適應不良。要他在說故事時間靜靜坐著，簡直不可能，加上他克制衝動的能力欠佳，每次哪個孩子手上有他想要的玩具，他都會直接拿走——奪走，或者必要時還會動手推人。

查理剛入學不久，就鬧出狠狠推開其他小朋友的事件，園長於是把安琪和艾瑞克請到學校來面談。之後，他們便一再因爲查理很難自制而被叫去面談。在查理四歲時，妹妹出生了，結果查理的情緒更加失控。

他的父母想要體諒他，卻實在不曉得該怎麼管教這個喜怒無常的兒子——哀求、討價還價、威脅，最後多半是向他的要求低頭。查理憑著凶悍的言行稱霸全家，他的

> 我得學會怎樣停止忍受，並開始品味日常生活時刻——換尿布、念故事、收拾男生在玩耍後留下的一團凌亂。

父母幾乎記不起在做爸爸、媽媽之前的寧靜日子。他們覺得自己變成「那種」小孩的父母實在很丟臉，每天早上都擔心陰晴不定的兒子不知會闖出什麼禍。

過去，安琪和艾瑞克都以為自己那麼努力地自我成長，教養小孩想必會輕鬆愉快。畢竟，小孩不是會受到潛移默化嗎？擁有平靜、慈愛的家庭環境和關心孩子的父母，全家和樂融融是一定的啊。但事與願違。安琪不再於晨間靜心冥想。儘管夫妻倆努力自制，但她和艾瑞克還是經常指責對方：「都是你**那樣**處理查理的事情害的啦，要是你那時**這樣**做，今天的危機就不會發生了。」

這對夫妻就如同我三十年來，以教師、親子教練、心理醫師身分輔導的許多父母一般。不論是自認為走個人成長路線的父母，或是只想不大呼小叫、不權力鬥爭就教養出快樂孩子的父母，常常很難接受養育兒女的現實情況，尤其是當他們孩子的需求或性格不容易應付時。

即使我們生養到的小孩比別人家的孩子容易教養，我們仍然得適應日復一日都要優先滿足別人需求的日子。從無眠的夜到功課戰爭，我們發現自己必須現學現賣，培養新的人格特質，諸如包容、堅持不懈、反覆誦念同一本繪本的功夫……一遍又一遍。自認很靈性的人偶爾會承認，他們跟孩子相處時，內心的感受有時非常「不靈性」，這簡直嚇壞了他們。他們從沒想過自己會說的話，居然就脫口而出，甚至還扯開嗓門，而那是靈性覺醒的人絕對不會講的話！

但就像安琪和艾瑞克，我們常發現，自己的孩子是能教會我們最多道理的人。這就是《愛與覺知的教養》的主題。

我們會在後面的章節中，回到安琪和艾瑞克的案例，了解教養查理的難題，如何帶領他們走向更健康的親職經驗，同時讓他們兩人有機會撫平尚未癒合的童年創傷。現在，先容我聊聊自己的故事。

分享我的親職之路

十五歲時，我住在堪薩斯，哥哥離家念大學時，留下一張紙條，推薦我看他留在我房裡的書，書名是《一個瑜伽行者的自傳》，作者是尤迦南達。這書在我的書架上擺了兩年，我才一頭栽進去，被這個印度人追尋神的求道之旅打動了。

這部奇書深深喚醒了我內在的某個東西，看完最後一頁，我便騎單車到普雷里村莊市購物中心，將一把銅板投進公共電話，撥電話到尤迦南達創辦的基金會的加州總部，說：「我要認識神。」

> 我們常發現，自己的孩子是能教會我們最多道理的人。

大約有一年的時間，我都按照「悟真會」每週寄來的教材，做尤迦南達式的冥想靜坐。我開始練習瑜伽，探索其他形態的冥想，最後挑了一個和我最有共鳴的來練習，並穿插其他滋養我身心靈的儀軌。

我非常依賴我在每日冥想中體驗到的平和心境，要是早上不能靜坐，我會整天都渾身不對勁，直到我能抽出時間走向內在為止。

十八年後，我有了孩子，原本規律的晨間作息亂了套，我試圖在以心靈為主的活動與家務事之間，找到平衡。每次我認眞投入「提升靈性」的活動，最後都會感到怨憎緊張。我一定得學會怎樣停止**忍受**，並開始**品味**日常生活裡的時刻——換尿布、念故事、收拾男生在玩耍後留下的一團凌亂。

一天，我在廚房幫兒子做烤起司三明治，站在爐檯前等起司融化時，我的意識突然擴張，察覺到那一刻正在發生的事。在廚房的另一頭，有一個以人形所展現的奇蹟，我愛這個人超過我的心跳，而我得到了透過三明治的形式表達這份愛的機會。我陶醉在感恩之情中，了解那種感受可以不是特例；我能夠用更貼近這種敞開心扉的狀態，處理每天的例行事務，而我只要選擇這樣過生活就行了。

結果是，育兒成了我這一生最脫胎換骨的經驗。我有空就靜心冥想。起初難得一次，但兒子慢慢大了，次數就變得比較頻繁。能夠啜飲內在的靜定喜樂之井，真是無比的喜悅，而靜心冥想無疑影響了待人接物的那個「我」。但我也漸漸明白，要活得有靈性，就要在眼前的生活裡，盡力與靈魂完全接軌，不論我那天早上練習的是哪一套靈修方式。

在這本書中，我邀請各位展開自己的旅程，將更多和平、喜樂、個人蛻變，帶進你的日常親子教養中。你會看到在浮沉不定的教養現場裡，保持意識清明的策略，並且學會怎樣緩解令你喪失（或暫時錯置）平靜的觸發點。我要請你探索將靈性帶進家裡的方法——即使你沒有宗教傾向，或你家小孩覺得任何跟靈性沾上邊的東西都「不酷」。

書中會不時地談到，我相信能協助孩子蛻變成有覺知、有自信、有愛心的成人的品德特質。最後，我還會傳授一些實用的祕訣，協助你在教養孩子時，**臨在當下**，在回應孩子時，保持彈性和選擇，而不是出於挫敗、憤怒、恐懼的反應。

如果我們跟孩子的關係洋溢著全心的投入與臨在，當孩子需要指引和援助時，就比較會向我們求助，而不是去找朋友。此外，覺得自己以現在的樣子受到喜愛、理解、珍惜的孩子，自然會比較肯聽從父母的吩咐——跟我們覺得有穩固連結的人合作，是人性。

不論你是熱衷靈性修持的人，或你只想在親職中保持覺知，提高教養孩子時的臨在程度，將可以讓你更容易得到親職冒險所能給你的愛、學習和喜悅。

歡迎你踏上這趟旅程。我們上路吧！

屬於你的練習

你理想中的親子關係是什麼模樣？

在這個小節及貫穿全書的相同小節，請到 www.SusanStiffelman.com/PWPextras，聽我引導你做練習。

每次我擔任父母的諮商教練，都會先請他們想像在諮商結束、掛斷電話後，覺得我們共處的時間很值得。我請他們想一想，要怎樣才能實現這個目標。「你覺得心裡比較踏實了，是因爲你現在有了處理問題的計畫嗎？還是你比較清楚是什麼原因導致孩子的某個毛病變本加厲？或者，你覺得自己如釋重負，單純是因爲你情願一小步、一小步地改善家裡的情況，而不再認定自己必須一鼓作氣改變一切？或許，你比較能原諒自己了，或比較了解爲什麼你的情緒會被孩子引爆，以及如何保持冷靜，即使遇到棘手的情況也能把持住自己。」

我發現，這個練習可以讓個案釐清他們希望透過諮商，達成哪些改變。

我要請你做類似的練習。暫停一下——也許是閉上眼睛，或將手放在胸口上——想像自己闔上這本書，對自己的突破感到快樂、興奮。身爲父母的你，有什麼最力不從心的事，能夠因爲閱讀《愛與覺知的教養》而獲得改善？有什麼效果良好的事，是你希望再多做一點的？你想要改變什麼？

如果你想知道自己理想的親子生活是什麼樣子，就想像你跟孩子以及跟自己，擁有更慈愛、更健康的關係。一旦你設定了清晰的意圖或期望的結果，你使用本書的內容便會更有收穫，尤其如果你願意不時地寫點筆記供日後參考的話。

請利用你的記事簿省思在你的親子生活中，有哪些運作良好的做法，而在你與孩子、你與共同承擔教養責任的伴侶、你與自己的關係中，又有哪些你希望加強、培養、蛻變的地方。

第一章

孩子是一面真實無僞的鏡子

親子教養是一面鏡子，

我們可從中看到自己最棒的一面，以及最糟的一面；

生命中最豐富精采的時刻，以及最驚恐嚇人的時刻。

——麥菈・卡巴金和喬・卡巴金

能讓你大有收穫的明師，就跟你住在同一個屋簷下，就算這個明師會惹你生氣，或不斷地挑戰你的極限。

印度人把戶長稱爲瑜伽士，意思是，堅定不移地走在靈性道路上的男女，決定攜手建立家庭，不住在洞穴或修道所裡。他們選擇從家庭和職場的歷練中成長、進化，把日常生活的挑戰當作是個人蛻變的工具。

很多人相信，靈性成長是天天靜心冥想、參加正念營、聆聽智者開示的成果。但有一位能夠讓你有所收穫的明師，就跟你住在同一個屋簷下，就算這個明師會（尤其是如果他們會的話）惹你生氣，或不斷地挑戰你的極限。

在親子教養中，狀況總是來得又嗆又快。摸索出你要怎麼接受孩子把果汁潑灑在新買的沙發上，或當孩子們在去奶奶家的長途車上不斷地互相揶揄，你要如何控制自己的反應，這其實就是個人成長的進階課程。你會崩潰嗎？還是能保持臨在，並且愈來愈能安住於「現狀」中，作出「回應」，而不是「反應」？

眞正的靈性，不會發生在洞穴裡或山頂上，而是就在這裡——擦鼻涕，再玩一遍桌遊，或是在半夜兩點抱著腹絞痛的嬰兒搖晃。你的「靈性導師」就在隔壁房間哭泣。你處理這些事，是再進化、靈性不過了。

孩子爲父母開設的「親子課程」

把兒女視爲上天派來協助我們心靈蛻變的導師，是能令很多人陶醉的想像。儘管以兒女爲師的概念帶著抒情、開明的氣息，但採納一件事的**概念**和擁抱**實際情況**，卻是兩回事。

孩子或許眞的能在我們內心，催化以前我們認定不可能存在的愛。但孩子也會擾動我們內心黑暗面的強大元素，激發我們的本性，諸如沒耐心、不夠寬容，令我們事後感到羞慚、被擊倒。

保持泰然自若是活在當下的關鍵，但最能考驗我們靜定工夫的，莫過於親子教養。養育小孩絕對一點都不寧靜，手足口角、作業災難、爲了電玩遊戲而爭吵，全都是家庭生活裡再熟悉不過的場景。有孩子在身邊的時候，高尚的原則很容易跟日常生活的實際情況相牴觸。即使是靜坐經驗最多的人或瑜伽士，都可能發現自己在大吼大叫、威脅利誘或懲罰小孩，完全顧不了自己決心無論如何都要保持慈愛、平靜。

俗話說，「當學生準備就緒，老師就會出現。」我早已發現這是眞的。每當我準備好擴展我的智識、心理、靈性，便會出現彷彿是上天安排好的機會，於是我得以伸

真正的靈性，不會發生在洞穴裡或山頂上，而是就在這裡。

展、成長、學習。話雖如此，但我並不是隨時都**想要**伸展、成長、學習。有時，我覺得自己是被押著去修一門我根本不想學的課！

關於親子教養，我們可能在**不知情**下，註冊了孩子開設的「課程」，但我們還是會發現自己被迫（「受邀？」「得到機會？」）大幅成長，成為大人。就這一點來說，我相信孩子可以是我們的最佳老師。我們不見得會故意去生育兒女，來療癒我們的童年創傷，或藉此讓自己變得更好。事實上，這些機會，以及其他幾千個機會，是隨著孩子誕生而降臨的權利。

我們可能得面對不耐煩的自己，學會慢慢來，因為小傢伙需要我們停下腳步，聞一聞人行道上的**每一朵**花。或者，我們會在咬牙撐過孩子的噩夢時學到堅韌，發現在一連串無眠的夜之後，心底依然保有相當的柔情。

同等重要的是，孩子能協助我們解決自己尚未克服的問題。寫功課拖拖拉拉的孩子，或許會讓我們體認到自己那些不討喜的特質，察覺（假如我們願意的話）我們碰到討厭的事情時，也會因循苟且。或者，當容易受挫的孩子稍一不順心就鬧情緒，我們可能會覺得自己像在照鏡子——我們眼睜睜看著色彩鮮活的畫面，重演我們以前（可能就在不久前，比如今天早上！）因為事情不如意而發脾氣的情境。

有時，我們從孩子身上學到的道理是溫馨甜蜜的；小傢伙會把我們付出和接受更多愛與幸福的能力，拓展到我們以前認定不可能的程度。但往往，孩子的個性和特質，也會徹底挑戰我們。我們或許會把自己的需求投射到孩子身上，從早到晚都處於戰鬥模式，只因爲孩子打死都不去做能夠平息我們恐懼和焦慮的事。每天，我們在一日終了時，疲憊不堪地倒在床上，害怕明天早上起床後還要重來一遍。

我看待難纏人物的其中一種方式，是選擇把他們當作讓我的心靈進化的必經之路，想像我們兩人都處於投胎轉世的狀態——我們是沒有實體的靈魂，對彼此只有純粹且無盡的愛。（這只是一個點子，不需相信投胎轉世也能從中受益。各位讀者暫且配合我一下，看看這招有沒有用。）

我想像我們兩個在對談（以兩個沒有實體的存在體能夠溝通的任何方式），各自說明想在下一世學習的課題。我們其中一個說：「我想學會耐住性子。」而我們的靈魂朋友說：「我想要更能夠接受別人的愛和關懷。」「不然我投胎做你的殘障小孩，你覺得如何？這樣，我就能學會更徹底地接受愛，而你也會有磨練耐心的機會。」「一言爲定！」雙方就這麼展開具備敏銳直覺的講師凱若琳・密思（Caroline Myss）所說的「神聖契約」（sacred contract），也就是我們跟生命裡重要的人締結協議，精

每個孩子都為我們提供了面對內心黑暗角落的機會，促使我們從舊有模式中解脫，活出更開闊、更圓滿的生活。

確設計能讓我們更圓滿地活出應有面貌的情境。

每個孩子都讓我們有機會面對內心黑暗的蒙塵角落，他們創造恰到好處的情境，促成讓我們從舊有模式中解脫的學習經驗，讓我們活出更開闊、更圓滿的生活。接著，我們就來分享一個有這種互動關係的母女故事。

凱薩琳的教養功課：在要求孩子前，先明白自己的需求

凱薩琳有兩個女兒，分別是十四歲的艾拉和十六歲的霞伊。「我跟兩個女兒相處很融洽，我們很親密。但是坦白說，霞伊有點懶散。她會把自己用過的毛巾扔在浴室地上，衣服丟得整個房間都是。她從來不會主動洗自己的碗，一定要人叫才會動。這種行為眞的讓我很生氣。我們討論過這件事情了，但除非我在一旁嘮叨，不然她不會主動收拾自己弄髒的東西。」

凱薩琳又說：「昨天我很客氣地跟霞伊說，晚上有客人要到家裡吃飯，能不能請她在客人來之前，整理一下自己的房間。我講話的時候，她幾乎連看都不看我一眼，然後翻個白眼說：『媽，他們根本就不會進我的房間！你放鬆一點嘛！每次家裡有客人來，你就緊張兮兮的。』我簡直氣炸了！我替她做了那麼多，爲什麼她就不能替我

做這一件小事？」

我聽了一會兒，然後問凱薩琳：「當你跟父母提出自己的希望或需求時，他們怎麼回應你？他們會聽你說話，然後答應你的要求嗎？還是連理都不理你？」

她立刻說出答案，有點挖苦地表示：「當我需要什麼的時候？他們根本**不准**我有任何需求。在我們家可沒那種事。要是我膽敢跟母親或父親說，我不想做他們吩咐的事，他們會瞪著我，活像我瘋了，說我太自私。我從小就學會不要說出自己要什麼。在每一段我很在乎的人際關係中，我總是待在乘客座，包括我的婚姻。」

我請凱薩琳聽我打個比方。「你應該知道遊樂場的碰碰車是什麼吧？好，我發現有的小孩，坐上小小的碰碰車以後就愣住了。他們沒有操縱過車子的方向盤，也不懂踩油門來讓車子移動的概念，所以就坐在車道中央，每個瘋狂的駕駛都會狠狠地撞他們。

「有的小孩是另一種極端，他們會把油門踩到底，腳絕對不收回來。不論他們把方向盤轉向哪一邊，沒幾秒就會撞上東西。這兩種類型的小駕駛都不懂**適度**踩油門，不管他們是一動也不動，或是不顧一切地全速向前衝。」

我解釋，很多人覺得很難開口說出自己想要什麼、需要什麼。「有的人會保持被

孩子不守規矩的行為，確實可以是一份禮物，如果我們願意檢視內心，不把自己的傷痛投射到他們身上，便能著手了結那些懸而未決的情緒。

動沉默，不要求什麼，覺得自己被漠視、不重要，充滿忿恨。」

「我就是這樣。」凱薩琳回應我，「那是我人生的寫照，從童年一直到結婚，再到離婚。我從很小就學到，要是我要求什麼，就會惹惱周遭的人。」

「別人會火力全開地提出要求。」我回答，「他們會騎在周遭的人頭上，決心要貫徹自己的意志，不管那有多惹人討厭。」

「所以，」我說，「你願不願意換個角度看待你和女兒的情況？你能不能就當她是一位老師，而她出了一份很棒的作業給你呢？你是不是準備好學習提出自己的要求，充分表達你明白自己的需求，跟你周遭的人一樣天經地義？」

凱薩琳沉默了。當她輕柔地回答，語氣已經沒有半點諷刺。「哇，一點都沒錯。我是該學學請別人滿足我的需求了。」

我回答：「當你檢視為什麼孩子的行為讓你暴跳如雷，你就得到療癒陳年傷痛的機會，成長為一個比較健康、完整的你。」

凱薩琳買了我的帳。我們的諮商從「矯正」她女兒的邋遢，轉變成療癒她從小就判定自己的欲望和需求不重要的童年悲傷——那些她早已埋在心底的感受。我協助她了解，她那麼強勢地逼迫霞伊聽話，是因為她很想知道自己的期望和需求也很重要，只不過希望落空了，於是便把情緒投射到女兒身上。

我解釋，孩子沒有療癒父母的責任。其實，他們常在我們帶著需求和絕望攻詰他們時，堅持自己的立場。他們憑著直覺，就知道以某些行爲來療癒父母以前人際關係所造成的創傷，並不是他們的責任。因此，孩子不規矩的行爲，確實**眞的**可以是一份禮物，因爲如果我們願意檢視內心，不把自己的傷痛投射到他們身上，我們便能著手了結那些懸而未決的情緒。

我鼓勵凱薩琳，無論女兒反抗她時，她有什麼感受，一律單純地與感受同在。「練習不帶批判的覺知，不管你被挑起什麼情緒，都讓情緒有存在的空間，讓情緒能夠發聲。悲傷、憤怒，困惑、擔憂。然後，或許又一次悲傷。讓感受流過你，但不加審查或控制。

「找出經歷你感受的身體部位。那個部位的感覺是沉重？尖銳？顫動？單純地容許你的體驗**存在**，不必讓情緒加重或減輕。慈愛地描述那些感覺。『我的心口有股悲傷。那股悲傷是沉重、扁平、黑暗的。現在，憤怒冒出來了，非常銳利、堅硬，遍布我的全身！』

「別讓重視理性的左腦，爲你不舒服的感覺編出一套解釋。克制怪罪你女兒或某個情境的衝動。就只是觀察自己有什麼感覺。要有耐心。情緒會過去。到時，你心裡就會比較舒坦。唯一的出路是走完這個歷程。這是讓你爲以前沒有的發言權、沒有得到想要的、覺得自己是隱形人的傷痛而悲傷的歷程。」

在當時以及現在，這都是非常深刻的歷程。這並不容易，也快不起來。舊傷需要喘息的空間才能癒合。我鼓勵各位在走這個過程時，要對自己慈悲，要有耐心，即使你的孩子觸動了你往日的傷痛，而你嘗試換一套做法處理時也一樣。如果你謹慎一點，你可以開始療癒親子的互動方式，以及你自己。

當凱薩琳允許自己爲一直害怕表明個人願望的那個自己而悲傷，她便準備好嘗試以新的方式向女兒們提出她的請求。我告訴她，曾有人請教美國ABC電視台新聞主播黛安・索耶（Diane Sawyer），長期維持婚姻幸福的方法。她回答：「我很早就學到了，以批評提出要求，眞的是糟糕透頂的做法。所以……直接提出要求就好了！」

親子互動的四種形式

我們的人際互動關係，通常不出四種形式：被動型、咄咄逼人型、被動攻擊型、堅定自信型。

我們處於「被動」模式時，會壓抑自己眞實的感受，假裝一切安好。被動的時候，我們嘴上說好，但其實是不好；我們把別人看得比自己的需求更重要，畏懼會觸怒別人。被動型的父母害怕會惹惱孩子，拚命地想得到孩子的喜愛，因而總是向他們的要求低頭。

我們「咄咄逼人」時，則是以威脅和恫嚇對付小孩，強迫他們順從我們的意志。表面上，這一套很有效——不良行爲停止了——但代價高昂。孩子不會跟我們親密，因爲在我們面前展露情緒並不安全。

「被動攻擊型」的父母，會利用羞恥感和罪惡感控制孩子。他們或許不會太咄咄逼人，但他們幽微的罪惡感心態和操控手段，卻嚴重傷害孩子正在發展的自我意識。這些孩子覺得自己必須逾越本分，爲父母的需求和快樂負責，而不是照顧好自己的需求和快樂。如果你說：「家裡好像只有你一個小孩學不會怎麼擺餐具。」你就羞辱了孩子。跟孩子說：「你說一定要參加班上的旅遊，害我一夜沒闔眼，煩惱要上哪兒去弄錢。」孩子免不了會有罪惡感。這些都是非常不健康的親子互動方式。

「堅定自信型」的父母，會在孩子的生活中扮演我說的「船長」角色（詳見第二章）。在這個模式中，我們與孩子保持健康的界線，允許他們有自己的需求、欲望、

> 當我們堅定且自信時，就能接受孩子不見得肯照著我們的要求去做，不會把他們的怨言視為個人攻擊，或把歧見升溫成權力鬥爭。

感受、偏好，就算這些跟我們的立場並不完全吻合，我們也不會認定孩子錯了。我們不需要孩子喜歡我們，也不怕惹孩子不開心。我們體認到，要是我們解決了孩子全部的問題，將會破壞他們培養眞正的適應力。孩子知道父母愛的是他們的本來面目，而不是他們能替父母做什麼，或他們的成就讓父母在別人眼中多有面子。

而當我們是堅定且自信時，我們可以承認孩子不見得肯照著我們的要求去做，不把他們的怨言視爲個人攻擊，或把歧見升溫成權力鬥爭。我們能夠同理孩子的立場，允許他們有自己的感受，但不會因此不忍心訂立會令他們失望的規矩。

我跟凱薩琳的諮商重點，一開始是協助她爲自己不曾有過的甜蜜溫馨童年而悲傷。那是項很敏感的工程，但她決心投入，勇敢地穿越往日的感受。

接著，我們開始練習堅定自信。由於凱薩琳在童年和婚姻裡都沒有體驗過堅定自信的行爲，這對她來說是未知的疆域。但過程妙趣橫生，我們以角色扮演來演出情境，讓她練習以不會咄咄逼人（把油門踩到底）、消極被動（一直愣住不動）與被動攻擊（利用羞愧或貶低）的方式，表達自己想要的事。凱薩琳很喜歡堅定自信地說出自己需求的感覺。

由於卸除了情緒包袱，凱薩琳在提出要求時，便不再那麼銳利、絕望，霞伊就比較願意答應母親的要求。凱薩琳練習跟女兒**並肩而行**（我稱爲「第一幕教養」，Act I Parenting），讓霞伊知道，母親很清楚她認爲即使房間裡全是亂扔的衣服，也沒什麼大不了。「你或許甚至認爲既然那是你的房間，你應該有權決定如何使用它。」霞伊覺得媽媽懂她、覺得自己受到肯定，心防就減輕了，因此比較能聽進母親的話。

「但是，親愛的，」她堅定自信的母親繼續說，「**我**眞的很介意一走進你房間，就看到四處亂丟的衣服；而且付房租的人是我，我希望你多用一點心保持房間整潔。我要你在每天晚上睡覺前，花個五分鐘、十分鐘收拾東西。如果你用完浴室後能恢復原狀，也就是你用過的毛巾都要丟進籃子裡，那就太棒了！」

在凱薩琳發現自己對女兒缺點的過敏反應底下埋藏了什麼之前，她不是不踩油門（消極的不說什麼，只有滿溢的壓抑怒火和怨心），就是把油門踩到底（以批評和憤怒對女兒咄咄逼人）。

凱薩琳選擇將女兒視爲一位優秀的老師，而老師給她的作業是重拾自己的發言權，以尊重的態度提出自己的需求，結果是，她和霞伊更親密了，家裡當然也比較整潔了。

屬於你的練習

孩子令你困擾的特質，你自己是否也有？

在記事本中寫上孩子的名字，在名字下面，寫出一項孩子令你特別頭痛的特質——或許是一個會觸怒你、引爆你激烈反應的個性或行爲，也就是說，你會爲此而大發雷霆，但在別人看來也許只是覺得有點討厭而已。不要自己過濾用語；要眞誠。

以下是一些例子：

沒耐心、髒亂、霸道、自我中心、神經敏感、死腦筋、過度小心謹愼、沒禮貌、消極、膚淺、咄咄逼人、害羞、不成熟、偷偷摸摸、挑三揀四、蓄意挑釁、容易氣餒、粗魯、散漫、愛批判、沒感情、固執、愛控制、不知感恩、太理性、老是懷疑自己生病、喜歡爭辯、沒有動力、脆弱、膽小、頑強、埋怨、輕易放棄、發牢騷、亢奮、靜不下來、不接受別人的拒絕、拖拖拉拉、不貫徹始終。

現在回答以下問題，並專注在符合你情況的問題上。慢慢來，有時得花上一些時間，才能找出我們對實際情況的反射性解讀底下的眞相。

- 孩子出現這種行爲時，會讓你想到以前生活裡的誰？爸爸或媽媽？老師？大哥或小妹？前任配偶？
- 這個人展現這種行爲或特質時，你都怎麼應付？退縮？挑釁？爭辯？發脾氣？閃避？哭泣？消極？咄咄逼人？被動攻擊？
- 這個人如何回應你的問題或怨言？會因爲你遇到的挑戰而責怪你嗎？不理會或忽視你的憂慮嗎？說你反應過度嗎？因爲你多嘴而懲罰你嗎？叫你有問題就自己解決嗎？令你因爲自己坦白說出的話而感到愧疚？跟你說他的生活比你辛苦得多？譏笑你太敏感？
- 你的孩子所展現的惹人厭特質，是否令你想起某個你難以面對的**自己的**特質？你是不是會做你不准孩子做的那件事？當你探索你跟孩子在哪些方面都有展現這種特質的傾向，你有什麼感覺？
- 當你在幼年展現這種不討喜的性格特質或行爲時，照顧你的人怎樣跟你互動？他們會批評你或羞辱你嗎？他們會拿你跟比較討人喜歡的兄弟姊妹作比較嗎？他們是不是會孤立你，或叫你回房間「反省自己有多壞」？你的父親或母親會壓抑自己的愛嗎？吼叫、威脅？給你肉體上的傷害？

- 你因爲孩子的這種特質而感受到什麼樣的悲傷呢？你的哪些特質因此被召喚出來，面對孩子的本來面貌呢？你受邀學習的課題是什麼？孩子是不是奉送學習的機會給你，讓你學習更有耐心？自我接受？堅定自信？有彈性？

看穿孩子行爲的表相，發掘是什麼勾動了我們內心與頭腦裡尚未了結的感受，是一趟很深沉的過程，不容小覷。如果你很難獨自排解浮到表層的情緒，請向你信賴的朋友或受過專業訓練的治療師求助。

如果你跟凱薩琳一樣，選擇將孩子視爲老師，擁抱孩子所提供的療癒與蛻變，報酬將不可斗量。

請你跟我這樣做 ➤ 日常教養的實際應用

※我該怎麼做，才不會因為小孩的哀哀叫而心煩？

問題：我四歲小孩的哀叫，總會讓我抓狂。我知道她還小，有時沒辦法用言語表達她要什麼，但不知何故，她哀叫的聲音眞的會讓我氣瘋了！

建議：不是只有你這樣。小孩的尖聲哀叫，具備了讓父母抓狂的特質。但不假思索的反應，只會使情況惡化。

試著把女兒的哀哀叫，視爲完全中立的事件。就像不停敲鉛筆或踢腳的小孩，這些行爲的本質無所謂好或壞。這些行爲很可惡，是因爲我們**判定**那很惹人厭，以致我們跟孩子陷入了權力鬥爭之中。如果你判定孩子的行爲很惱人，因而需要孩子停止那個行爲，但除非你們的感情很深厚，否則她可能會被你激得持續哀哀叫。

這樣說或許很有禪意，但如果你能把心境轉換爲**注意**她哀叫的聲音，而不貼標籤或**批判**她，你就可以說：「親愛的，我想知道你需要什麼，我很樂意一直等到你可以用平常的聲音說話爲止。」

當你的反應沒那麼激動，你的女兒應該就能理解怎樣表達她的需求才是妥當的做法。

※我那個粗魯又無禮的青少年孩子，到底在教我什麼？

問題：我請十一歲的女兒做事的時候，她都會翻白眼或模仿我。我覺得她的行爲對我很不尊重。跟一個沒禮貌的青少女打交道，究竟能讓我學到什麼？

建議：你有多少時間？我們能從粗魯的青少年身上學到的東西，夠寫好幾本書了！我們就從「別當事情是衝著自己來的」說起。

現在，顯然沒有什麼可供你女兒這個年紀的青少年模仿的正面榜樣，他們很辛苦地摸索怎樣踏進青春期，開始從父母身邊獨立。可惜的是，他們很多人會模仿熱門電視節目裡那些沒禮貌的小孩，因爲在節目中，翻白眼或頂嘴會得到大笑的音效獎勵。

翻白眼就是翻白眼，別附加其他的意義上去——你女兒是在宣告她不想做你交代的事，或是在試探你的極限，只不過做法很笨拙且（希望是）效果不彰。

如果你能忍住不當她是衝著你來的，你就能毫無罣礙地說：「親愛的，你要不要再重翻一次白眼？」希望你的口氣不會沒禮貌！

※被孩子冷落，能讓我學到什麼？

問題：十五歲兒子對我的態度，活像我不存在似的。他一回家就直接進去他房間，連聲招呼都不打。我能從他這副德性中學到什麼呢？

建議：哎呀，教養兒女有時可以令人很難受，特別是尚未打開心結、覺得自己是隱形人、不重要、沒人緣的人。好消息是，若能夠覺察地面對這些經歷，我們教養兒女的效果不但會變好，還能療癒我們的一些童年傷痛。

把注意力放在你正在經歷的事，而不是想著要怎樣改變你的兒子。如果你有身體反應，譬如緊繃、生氣，和善地對待這些覺受，不要使感受加重或減輕。描述一下這些感受──「有糾結的感覺……在我的腹部……就像愈拉愈緊的繩結。」

如果你的反應偏向情緒性，就關注你的感覺觸動了什麼──「有悲傷……那讓我想到自己在中學時像個隱形人……我討厭其他小孩在午餐時間冷落我……」

每一個開始觀照自己被孩子勾起了什麼的人，都會經歷一段獨一無二的情緒。我的建議都是一樣的：在處理孩子的問題之前，先處理好**你的內心**。唯有如此，你才能像船長一樣處理問題，不會夾雜需要孩子認同你的心理需求。

第二章

養兒育女，同時是自我成長

培養健全的孩子，

比療癒內心千瘡百孔的成年人容易。

——斐德列克．道格拉斯❶

多年前有一回我開車送兒子上學，途中遇到一位目的地跟我們一樣的家長，糖尿病性癲癇發作。她十一歲的兒子察覺母親喪失意識，眼看車子就要嚴重偏離車道了，母親卻無力駕駛，於是他解開自己的安全帶，想把車頭轉回安全的方向。當他察覺自己辦不到，又慌亂地繫回安全帶，不出幾秒，他們的休旅車撞上了四輛車，包括我們的。他的母親在車子撞上護欄時，甦醒過來。幸好，捲進這起車禍的十一個人都沒有大礙。

孩子應該是乘客，他們沒有開車或在暴風雨中駕馭船隻的能力，這點他們自己清楚；但假如駕駛座上沒有人，他們便會本能地企圖接手。小孩不想獨當一面，他們只是明白總得有人當家，他們了解必須有稱職的人掌控方向盤，生命才有保障。

三種親子相處模式

我在《教養不是作戰》裡介紹過三種親子相處的模式：自信冷靜地管教兒女、權力談判、跟孩子搶奪控制權。

冷靜自信地當家的「船長型家長」，是態度明確、慈愛的父母，有能力爲子女作良好的決定——甚至不惜拂逆孩子的心意，作出會惹孩子生氣的決定。擔任一船之主

冷靜自信的船長型家長，是態度明確、慈愛的父母，有能力為子女作良好的決定，甚至不惜拂逆孩子的心意。

的時候，我們會見招拆招，能在孩子掀起的狂風暴雨中**選擇**回應孩子的方式，不會任憑我們在成長過程中因襲而來的觸發行爲擺佈，作出反射性的**反應**。

舉個小例子。你的十三歲女兒想參加一場派對，到時唯一會在場的大人是一個判斷力有待商榷的姊姊，你女兒問你，她能不能去。

母：「親愛的，我知道你很想去，可是我覺得那樣不好。」

女：「媽，拜託嘛！我保證不會出事的。」

母：「哎呀，親愛的，我知道這樣好像不公平，我也知道你眞的很想去，但恐怕你不能去。」

這位媽媽是船長，她展現出同理心和慈愛，同時保持堅定、明確的立場。要是你的小孩經常看到你變卦或優柔寡斷，她可能會將你拖進下一種互動模式。

當父母跟子女發生口角、爭奪權力、談判，就沒有人當家。我把這種模式稱爲

譯註：

❶ Frederick Douglass，一八一八～一八九五，曾是黑奴，美國第一位黑人外交使節。

「兩造律師」。孩子頂撞父母，父母反駁孩子，親子關係緊繃又怨氣衝天。以下就是一例：

女：「媽，你老是把我當成兩歲小孩。你都信不過我！」

母：「每次不順你的意，你就不高興！凱莉的姊姊很不成熟，由她負責你們的安全，我不放心。她八成只會顧著自己玩樂吧！其實，去年我聽說她……」母親解釋立場，她的孩子立刻反駁。

女：「根本沒有那回事！別人說她在學校廁所抽大麻，但她連香菸都不抽！只是其他女生抽大麻的時候，她剛好在旁邊而已！」

這個類型的親子互動特色是爭吵、辯駁、討價還價。

最後，孩子成了發號施令的人，父母覺得自己控制不了局面，甚至驚慌失措，尤其如果他們想像別人會批判他們管不動小孩的話。爲了恢復秩序和主控權，他們會以威脅、賄賂、下最後通牒的手段壓制孩子，那就像一個暴君或專制的君主，因爲本身不具備實際的威嚴，就利用恐懼和恫嚇維護控制權。我把這種模式稱爲「獨裁者」。以下是對話範例：

想要停留在船長模式，我們就必須能夠自在地訂立規範，這樣在管教兒女時才能保持慈愛、清明、自信。

女：「你就是不肯接受我不再是你的小寶貝了。拜託你自己找點事情做，不要一直管我怎麼過日子，行不行？」

母：「大小姐，你鬧夠了喔！我們爲你做牛做馬，你卻不懂得要感恩。我辛辛苦苦地養家，你連一句謝謝都沒說過。你被禁足了！」

看得出來，情況急轉直下，母親的立場很快便動搖了，從船長變成律師，最後進入獨裁者模式。

想要停留在船長模式，我們就必須能夠自在地訂立規範，這樣在管教兒女時才能保持慈愛、清明、自信。

爲孩子訂立明確規範

我做諮商工作時，經常遇到立意良善的夫妻決心不重蹈父母的覆轍，卻向我吐露他們極度缺乏處理棘手情況的信心。「我十四歲的小孩想體驗抽大麻的滋味，我可以答應他嗎？他的朋友都在抽。」「我想註銷兒子魔獸世界的帳號，他氣到把牆壁捶破一個洞！」「去餐廳吃飯的時候，要是我不給小孩玩手機，他們就會變成小壞蛋。我

> 一不順心就大鬧脾氣的孩子，幾乎都渴盼父母能夠建立實質的情感連結和規範。

是不是應該讓步，省得他們吵鬧不休？」這些父母對自己既沒把握，也害怕立下規矩，如此傳遞給孩子的訊息就是他們不知道自己的立場，或者講得更直白一點，他們純粹就是害怕採取立場，以免惹惱孩子。

我覺得耐人尋味的是，這些一不順心就大鬧脾氣的孩子，幾乎每個都渴盼父母能夠建立實質的情感連結和規範。有時我跟這樣的孩子單獨面談，他們會表達希望父母不要那麼軟弱無力；也有的時候，他們闡明這一點的方式，就是善意回應在訂立規矩時表達深厚情感連結的人。亨利就是這樣的孩子。

布雷德利和梅莉莎的教養功課：與孩子建立情感連結

布雷德利和梅莉莎帶著亨利來找我諮商的時候，亨利十一歲。他一邊打電玩（這是有點年代的事了）、一邊踱進我的諮商室，渾身散發濃濃的敵意。他的父母畏怯地請他放下電動玩具、跟我打招呼，他白了他們一眼，繼續玩他的電玩。我和他的父母單獨會談，他們承認不知道如何應付兒子嚴重的情緒崩潰。亨利的父親已經有點年紀了，他相信男孩子就應該要強悍堅韌。在父親的教養下，亨利從小就學會壓抑軟弱的感受，對恐懼、悲傷、心痛之類的情緒一律無感，只剩下感受挫敗和憤怒的能力。亨利是個大孩子，生氣時可能會訴諸暴力，他的父母都很怕他。

然而，我和亨利單獨會談時，發現他是一個溫和但內心單薄、不夠扎根的孩子。他似乎飄浮在自己的上方，不習慣跟一個關心他卻對他一無所求的成年人正面接觸。他跟成年人的互動，多半是大人逼著他去做他不想做的事。

首先，我展露出自己有心認識亨利是怎樣的人。我們談著談著，他便試探地敞開心房，說他好愛繪畫，還有他的夢想是設計電玩遊戲。當我發現他的注意力一直在我們的對談和他的遊戲機之間遊走，我便和善地請他交出遊戲機，說遊戲機似乎特別能占據他的心思。我將遊戲機放在辦公室的架子上，擺了好幾個月，想不到他居然頗能接受。

亨利和我開始建立實質的情感連結。我維持一貫的和善態度和對他的興趣，於是他慢慢地把我當成盟友來信任。我發現他的父母反而比較難輔導。梅莉莎和布雷德利不肯實踐我們在諮商時談過的做法——跟亨利並肩同行，而不是對他張牙舞爪。他們一遍又一遍地搬出大道理或威脅利誘，逼著亨利照他們的意思做。彷彿他們比較指望我改變他們的兒子，然後他就會乖乖聽他們的話，而不願意改善他們親子關係的品質。

一天傍晚，我的電話響了。是布雷德利，他從一家餐廳的停車場打給我，語氣很焦急。顯然，亨利在餐廳情緒大爆發，然後逃到停車場閃躲父母。布雷德利和梅莉莎絕望地試圖把兒子趕上車，這樣他們才能回家。「你能跟亨利談談嗎？說服他上車？」布雷德利央求我。

這是不尋常的要求，但我答應了，不過我實在不曉得自己會面對什麼狀況。事情是這樣落幕的：布雷德利拉近自己跟亨利的距離，跟他說蘇珊在電話上，等著和他說話。亨利立刻接下電話。我只說：「親愛的，你該上車了。」

「好。」

就這樣。他把電話遞給父親，然後上車。

我做了什麼他父母不能做的事嗎？我有什麼令亨利說好的影響力嗎？並沒有。但我確實有兩個法寶：跟他的眞實連結——他知道我喜歡他、樂於跟他相處、尊重他。在我們的關係中，我是正牌的船長。我不怕他，我不必靠他來增強我的自我價值感，而我也證明了自己眞心在乎他。他知道我站在他那一邊。

我怎麼辦到的？其實就是全然專注地聽亨利說話，接受他的本來面目。他知道我覺得他詼諧又有意思。他知道我沒有不可告人的動機；我並不需要他爲我辦到什麼事。因此，他聽從我的要求，就像我們喜歡的人提出請求時，我們通常會答應一樣。

可惜，亨利唯一能得到父母全部注意力的時機，不是他們試圖要他做他不想做的事，譬如寫完功課、洗澡、吃晚飯；就是他們要求他別做他眞的想做的事，例如打電玩遊戲，或是早上窩在溫暖舒適的被窩裡。他們極少花時間把兒子視爲一個人地去了解他。這倒不是因爲他們不愛他，而是他們就如同許多父母，爲了忙碌生活的需求和壓力而奔忙、分心。結果，亨利對父母沒有愛戴之情，只投入最低限度的力氣取悅父母。由於他們對亨利並沒有過去累積的善意可以調用，因此覺得自己被迫賄賂他或威脅他，來換取他的合作。

療癒童年未解的心結

大家可能記得在前言中提過的安琪和艾瑞克，我描述他們養育喜怒無常小孩的實際情況，不符合他們預想中意識清明的美妙親子教養生活。我與他們的諮商，始於他們的兒子查理四歲半的時候。他們找上我是因爲查理的行爲太凶暴，以致幼兒園威脅要讓他停學。他們在家裡也已經忍無可忍，兒子的情緒爆發使家裡隨時都籠罩著混亂、緊繃的氣氛。

我先探索安琪和艾瑞克對於設定規範的內在衝突。這兩位家長都不確定自己應該在何時、何地、如何限制小查理的行爲。以艾瑞克來說，他缺乏明確的立場，是因爲拉拔他長大的父母過度管教，控制他的一舉一動，讓他決心要給孩子自己作主的自由。結果是，他承認自己常常寧可不給兒子訂立清楚的規範，也不要冒險犯錯。

我們討論潑孩子冷水的概念。「艾瑞克，聽起來你由衷地希望孩子有發言權，可以自由說出自己的希望。」他點點頭，說他非常重視這一點。我請他聊聊自己的成長經驗，他說父母把他管得死死的，事事都要下指導棋。「假如他們要我上鋼琴課，我就得去上，還要天天練習。我根本就不喜歡鋼琴，但他們才不管。不聽話就倒大楣。我穿什麼衣服、看什麼電視節目、參加什麼運動也一樣——在我家，永遠輪不到我說我要什麼。我覺得自己很弱、沒有力量，我決心不要這樣養育我的孩子。」艾瑞克很明智，他了解自己的孩子是獨一無二的獨立個體，他未實現的夢想不該由孩子代替他完成。

可是艾瑞克未了的心結，對教養兒子帶來了負面影響。「但是，因爲這令你的成長過程很痛苦，以致你對查理的管教鬆散到實際上傷害了他，也不管自己可能對父母的嚴格作風矯枉過正。」

我非常欣賞在親職中致力保持覺知的人，他們賦予孩子說出想法和心聲的權利。但我們必須給孩子一套規範，不要怕訂立戒條。

我告訴他們，這種困境我看多了，尤其是極度重視個人成長或靈修的父母。我非常欣賞在親職中致力保持覺知的人，他們賦予孩子說出想法和心聲的權利，並且信任孩子的感覺和直覺。但我們必須給孩子一套規範，不要怕訂立戒條。由於查理的情況太嚴重，艾瑞克願意考慮自己對查理的態度或許可以再堅定自信一點，而不打擊孩子的心靈。

安琪會在兒子鬧脾氣時，想起母親突如其來的暴怒，然後她的情緒便上來了。她覺得順從查理的要求，比訂立界線容易。由於查理一直造成緊繃的氛圍，安琪不太喜歡抽時間陪伴他，她會把兒子安置在 **iPad** 或電視機前，這樣他就不會吵鬧了。但小查理會努力爭取跟母親接觸的機會，就算他得使壞才行。他發現鬧脾氣可以得到母親百分之百的關注。從某些方面來說，他是正在成形的小亨利。

基本上，查理必須確認父母能不能建立一個供他安全探索世界的天地。他的行爲，實際上宣告了他覺得沒有稱職的船長，在生命之海的航程並不安全。於是每次查理一受挫，就覺得有必要倒在地上、丟東西、或對父母拳打腳踢。

我解釋了親子教養的三種模式，以及父母挺身扮演船長角色的重要性。安琪和艾瑞克都同意自己通常處於獨裁模式——讓查理作主、爲所欲爲，直到他鬧得太厲害，才威脅要給他嚴重的懲罰，好讓他恢復理性。

但是利用生氣來解決事情，並不符合這對父母偏向靈性的價值觀，以致他們覺得罪疚和懊惱。這樣的情況循環不息——忍受兒子的言語攻擊，直到他們受不了，向兒子發難，然後因爲自己沒有保持沉著、靜定的能力而羞愧。

我向安琪和艾瑞克解釋艾克哈特・托勒所說的「痛苦之身」，亦即以負面情緒爲食的痛苦情緒遺毒。他在《一個新世界》一書中寫道：「當孩子被自己的『痛苦之身』攻擊①，你所能做的就是保持臨在，好讓自己不被捲入情緒化的反應中，這樣，孩子的痛苦之身只能在自身上找食物。痛苦之身有時非常戲劇化，不要隨它演出，不要太認眞地對待它。如果痛苦之身因索求不遂而被觸動了，不要立刻屈從它的需求，否則孩子就會學到，『我愈不開心，就愈能得到我想要的。』」托勒認爲，孩子情緒爆發時，是痛苦之身不自覺地試圖將別人捲進戲劇和痛苦之中，好來壯大自己。

不論你是不是熟悉這種論述，你大概能理解其中的道理。當我們認定孩子不乖的行徑是衝著我們來的，我們的小我便被捲進來，引發絕望或是對控制的需求，不顧一切只求確立自己的地位。一旦出現這種互動模式，我們免不了會進入律師或獨裁者模式，因爲從某個角度來說，小我已經發動兵變，劫持船長，奪走原本能夠保障你平順航過孩子情緒風暴的沉著領導力。

當孩子被自己的「痛苦之身」攻擊時，你所能做的就是保持臨在，好讓自己不被捲入情緒化的反應中，否則孩子就會學到，「我愈不開心，就愈能得到我想要的。」

跟孩子一起經營「情感帳戶」

查理似乎只在保母面前才會乖乖的。愛麗森的年紀約莫二十五歲上下，沒有小孩，但在人丁興旺、感情密切的家庭長大。她散發出嚴肅務實的態度，顯然對於發號施令感到自在。她和查理的關係充滿嬉耍和慈愛，但當她叫查理去刷牙或停止戲弄妹妹，他幾乎每次都會聽話。我猜查理可以在愛麗森面前控制自己的行爲，有幾個原因。首先，她不會認定查理的行爲是衝著她來的。她不像安琪和艾瑞克那樣希望他做個「乖孩子」，因此在與查理互動的時候，她沒那麼迫切期望什麼或需求什麼。也就是說，查理不是她用來證明自己是好人或有能力的人的工具。

但眞相不只如此。當安琪描述愛麗森跟她兒子的關係，愛麗森顯然**喜歡**跟查理作伴。他們在一塊時經常笑語不斷，愛麗森花許多時間參與查理正在做的事：玩機器人、搭建堡壘，或只是在院子裡互相追逐。安琪跟兒子的互動，則是將重心放在完成清單上的待辦事項：吃早餐、換衣服準備上學、洗澡。愛麗森會放慢速度，眞的**正視**

原文註：

① Eckhart Tolle, *A New Earth: Awakening to Your Life's Purpose* (2005; repr., New York: Penguin, 2008), 106.

當孩子覺得自己跟提出要求的人有情感連結，他們的合作本能便會甦醒，自然會願意聽話。

查理。愛麗森會專心聽查理爲他的恐龍們編故事，她還會問問題，顯然被他鮮活的想像力逗得很開心。在特殊的玩樂時間，她會將手機轉爲靜音，因此，查理不會像跟父母相處時那樣，覺得自己隨時都在跟打擾他們時間的外人競爭。愛麗森每天好歹都會跟查理玩一下，讓查理清楚地感受到她喜歡他，這是激發孩子合作意願的必要元素。

愛麗森隨時都在查理的「情感帳戶」裡存款，給他眞誠的全心對待、專注與注意力。每一次的友好互動，就像在他們的情感戶頭裡存入一枚銅板，因此，她可以輕易讓查理順從，感覺上就像「提款」的要求。查理比較願意跟愛麗森合作，並不是怕愛麗森會懲罰他，而是想要取悅她、知道她是眞心在乎他。

聽安琪和艾瑞克描述愛麗森的溝通風格，也可以清楚知道當她向查理提出要求，她是認眞的，而查理心裡也有數。查理在父母說該吃晚飯了或穿上鞋子時，感覺到他們並不果斷；而愛麗森要他做事時，他接收到的則是清晰、慈愛、堅定的要求，促使他答應。愛麗森的要求並不會以「……好嗎？」收尾。她是以船長之姿宣布必須完成的事項，在查理表明不想做時保持同情，但不會動搖明確的立場。

安琪和艾瑞克承認，他們有點嫉妒愛麗森能夠指望並得到查理的合作。他們試過模仿她的用語，但查理依然故我。我解釋，愛麗森並不是透過言語說服查理聽話。當孩子覺得自己跟提出要求的人有情感連結，他們的合作本能便會甦醒，自然會使他們願意聽話。查理知道保母喜歡跟他相處，因此和她在一起時，他便想要好好表現。

放手讓孩子感受悲傷和失望

我跟安琪和艾瑞克的諮商中，還有另一項我想檢視的元素：我必須知道他們對於容許兒子悲傷或失望的看法。這是我遇到長期憤怒或咄咄逼人的小孩時，一定會探究的項目。我經常碰到非常受不了孩子不快樂的父母。事實上，有句話說：「父母的快樂程度，不會超過他們最悲傷的孩子。」儘管這是一句溫情的話，卻突顯了我們面對的艱難挑戰之一：體認到我們的孩子是獨立的個體，他們正走在各自的人生旅程上。

我記得跟莎莉有過一段對談，她是我最親密的朋友之一，當時我察覺自己的婚姻恐怕保不住了。我不能替兒子擋下即將降臨的命運。身爲治療師，我看過那麼多飽受父母離婚煎熬的孩子，我怎能讓兒子步上後塵？我對莎莉說：「亞力不該經歷這種事——看著他的家就這樣分裂離散。他不應該面對這樣的事。」我永遠忘不了莎莉的回應。她直視我的眼睛說：「**你**怎麼知道他應該經歷什麼事？」

我恍然大悟。我了解就算野馬也阻擋不了我盡力給兒子好生活。他的確即將面對

當我們無法替孩子擋下痛苦的經歷，次佳的做法就是全心關注他們，協助他們度過這個過程，允許他們感受悲傷和失望。

我無力阻擋的艱難經歷，我再努力都擋不掉的經歷。在這種時候，我能做的頂多就是在他走過痛苦和失望時，全然臨在地以慈愛對待他。現在他二十四歲，我從不同的面向看出他因爲走過那些我想護著他、不讓他經歷的失落，而更形堅強、更有慈悲心。

倒不是說我會建議父母讓孩子吃苦來塑造人格；那絕非事實。但是當我們無法替孩子擋下痛苦的經歷，次佳的做法就是全心關注他們，協助他們度過這個過程，允許他們感受悲傷和失望。

美國影集《爲人父母》（*Parenthood*）裡有一場很深刻的戲，漂亮地闡釋了這個概念。克莉絲汀娜和亞當的十五歲兒子麥克斯，因爲亞斯伯格症成了高中校園裡的邊緣人，辛苦地試圖跟大家打成一片。幸好，麥克斯發現自己頗有拍照的才華，因而分配到擔任畢業紀念冊攝影師的工作。糟糕的是，他看到一個女孩在哭，一群朋友圍著那女孩，他便拍了好幾張她們的照片。女孩們叫麥克斯走開，但他不顧她們的感受，堅持自己必須替紀念冊拍攝花絮照片，然後自顧自地繼續照相。麥克斯的父母被找來學校，校方跟他們說不能再讓麥克斯拍紀念冊用的照片了，老師決定讓他改做排版的工作。他們求老師和校長重新考慮，拚命想要確保兒子能得到唯一一次愉快的校園體驗，但那女孩的投訴令麥克斯保不住拍照的職務。

克莉絲汀娜扛下通知麥克斯失去紀念冊攝影師職務的重擔。她走進他的房間，坐下來，苦惱不已地告訴兒子，他的職務從攝影改成排版了。「什麼？我不想做排版！我要當攝影師！我是最恰當的人選！」克莉絲汀娜說：「我知道啊，麥克斯，可是老師已經決定了，不可能改變心意。」麥克斯氣壞了。這對他來說，根本沒道理。在他心中，他沒有做錯事，按理說，他應該為紀念冊拍照。他說：「那你打算怎麼辦？」心痛的克莉絲汀娜凝視著兒子，只說：「我打算跟你坐在這裡傷心。」

這一幕令我感動萬分。克莉絲汀娜無力避免兒子失去他在乎的事物，而她走過了自己的哀傷，可以在孩子放棄自己迫切想要的事物時，陪伴他調適心情。她沒有解釋，沒有辯護，甚至沒有試圖開導他。她只是臨在地陪伴著孩子，相信失望的浪潮會打向他，然後消退，而他會在失落中找到接受現實的路。

協助孩子經歷失落的情緒

我知道艾瑞克和安琪希望查理快樂，所以老是向他的要求低頭，或是在他沮喪時開導他。毫不令人意外地，他們招認兒子其實難得哭上一次。這個小男孩稍不順心就會大發脾氣，但他的憤怒極少轉為真實的悲傷或淚水。我請安琪和艾瑞克想一想，如果在查理受挫時不替他解決問題，只協助他感受不愉快的滋味，那會如何。這個想像練習令夫妻倆很不安。「如果我愛我兒子，」艾瑞克問，「我怎麼可能會不想讓他開心？」

我問他們希望查理最後會成長爲怎樣的大人，他們希望他融會貫通哪些技巧和資源，以便日後得到美滿的人生。「我們要他知道如何跟人相處，還要他具備能吸引美好事物的正面態度。我們也要他懂得應付艱難的時期。」

我說明要幫助孩子建立可以接受現實人生的心理素質，就得允許小孩在不順心的時候，經歷否認（denial）、憤怒（anger）、討價還價（bargaining）的階段，他們才能從失望（disappointment）抵達接受（acceptance）。這是從伊麗莎白·庫伯勒·羅斯（**Elisabeth Kübler-Ross**）關於臨終的著作借用的概念，我在《教養不是作戰》中有較完整的解說。這幾個階段的縮寫是DABDA。

安琪和艾瑞克想避免兒子查理承受失望的全部重擔，以致查理無法走過我所說的哀傷前三個階段（DAB）：否認、憤怒、討價還價。因爲他們常在查理的挫折感開始加重時低頭，以致當查理想要什麼，他會先進入「否認」階段。可想而知，依據以前的經驗，他不相信不行眞的就是不行，因此他會停留在否認階段，無法接受這一次父母不會向他的要求屈服。

接著，他們以跟查理不相上下的憤怒向他施壓，於是查理停留在「憤怒」階段。親子間你來我往地互相投擲反射性的、充滿痛苦的情緒炸彈，雙方的怒氣節節升高。當父母脣槍舌劍地爭辯**爲什麼**不能順從查理的意思，他們其實是在替「討價還價」階段火上加油，形同鼓勵兒子爲自己要的東西辯白。

要在查理面前扮演船長的角色，這對父母內心的錨就必須夠穩定，才承受得了他的傷心或失望（庫伯勒·羅斯將這個階段稱爲「沮喪」（depression））。這是協助查理釋放累積的挫敗的必要步驟，每次他遇到自己無法改變或控制的事物時，這些積壓的挫敗便一觸即發。除非小孩能在不如意的時候悲傷，否則孩子永遠不會進入「接受」階段。

「你們使出渾身解數不讓查理悲傷，等於是暗示他，你們對他承受失望打擊的能力有什麼評價？」我問。從這個角度思考後，安琪和艾瑞克的立場動搖了。他們開始明白，當他們解決查理的問題或替他的惱怒辯解，等於是在告訴他，他們不相信他的內在資源足以應付生活中的不如意——如果你希望他長成一個適應力強的成人，傳遞這種訊息給他可不好。

話雖如此，安琪依然很害怕在查理面前表現出堅定的立場。光是用想的，她的內心就會打顫。「我實在不想承認，但我耳根子很軟。我沒辦法想像自己在查理開始叫罵的時候，跟他對抗。那簡直就像要我在龍捲風裡面站直一樣！」

我請安琪站在我面前，想像自己跟情緒即將潰堤的查理在一起。「感受你身體的感覺。」安琪閉上眼睛，安靜下來，然後描述她覺得自己年紀很小、渾身發抖。「我覺得自己像個小女孩，沒有強壯到可以應付事情。我想要爬到石頭底下躲起來。」她承認這些是她熟悉的感覺，令她想起自己太弱小、應付不了母親的狂暴和混亂的那些日子。我趁著她處於這個狀態，說我要輕輕推她一下。我一推，她便立刻失去平衡，又慌忙地穩住身體，才沒眞的摔倒在地上。

「現在，我要你想像一條鋼纜從你的頭頂穿過身體，經過你的雙腳，一直貫穿到地心。想像這條鋼纜很強韌，毫不動搖。什麼都不能移動它，也不能令它搖晃。感覺你的力量，感覺自己的穩固不輸給深深扎根的老紅杉。」

趁安琪在想像時，我以跟剛才相同的力道推她。這一次，她沒有輕易失去平衡，而是文風不動。

「安琪，感覺怎麼樣？」

「很棒！我感覺到自己的力量，覺得堅強、穩定。我很強大，不用硬著頭皮反抗或佯裝剛強。我覺得自己像個大人！」

我請安琪和艾瑞克兩人都做幾遍這個練習，想像查理在他們面前開始掀起情緒風暴，同時想像這條鋼纜給他們強大的毅力。

「記住，如果你們照著查理的意思改變情況，這對他毫無幫助。如果你們希望兒子長大後，懂得調適事情不如己意的日子，你們現在就得在他體驗到失望的全部壓力時，陪伴在他身邊，藉此協助他培養適應力。

「當你們接受自己無法替查理擋掉所有的挫折或失落，好好感受自己沉重的心情，然後想像自己穩穩地站著，那條鋼纜將你們錨定在大地上。在你們帶著愛來認同兒子的感受時，保持溫和卻堅定不移的力量，允許他經歷否認、憤怒、討價還價的階段，好讓他可以單純地感受悲傷。」

我和這一家人的諮商持續了大約三個月。諮商的重點是減少他們在查理挫敗時的不自在，以免他們老是覺得必須按照查理的喜好安排事情。我們探討了他們對潑查理冷水的恐懼，也介紹了怎樣在處理查理的火爆脾氣時加強自信。我協助他們學會怎樣跟查理溝通，查理才會覺得父母懂他，即使父母並不打算順從他的心意。與其說

放任腦海裡的批評聲音主導我們的行動和感受，不但會傷害我們，還會在孩子身上施加要乖乖聽話的壓力，避免我們的罪惡感和羞愧冒出來。

「不，你不能用餅乾代替晚餐」（「不」是很容易惹惱大部分小孩的字眼），我教他們怎麼回應比較不會引發衝突，至少能應用在他的一些要求上。「拿餅乾當晚餐！那一定很好玩！你下次生日時就這麼辦，如何？」

安琪和艾瑞克都騰出時間，單純地陪伴兒子，讓他體驗到自己渴求的親密與連結，而這能讓他願意改進自己的舉止，取悅父母。

父母心懷愧疚的隱憂

安琪和艾瑞克的狀況穩定下來了。但是仍然有一個必須處理的課題：父母的罪惡感和羞愧。當我建議他們可以怎樣跟查理應對，他們會說出「我早該知道的」或「兒子這輩子大概被我們毀了吧！」這樣的話，我並不訝異。我輔導父母們幾十年，很了解當我們無法達到理想中的標準時，常會有自責的傾向。但我也知道，如果放任腦海裡的批評聲音主導我們的行動和感受，傷害會有多大。這麼做不但會傷害我們，還會反過來在孩子身上施加要乖乖聽話的壓力，好讓我們覺得自己做得不錯，避免罪惡感和羞愧冒出來。

這是我們必須努力克服的課題。我跟艾瑞克和安琪，聊起我對付腦子裡那個批判聲音的經驗——這聲音不斷評論我每時每刻、每次人際互動的表現。我投注最大心力的事情之一，是經由心理治療、眼動減敏與歷程更新療法（Eye Movement Desensitization and Reprocessing, EMDR）、靜心冥想和祈禱，學習對抗那個聲音。但那是一個過程，並非一蹴可幾，也不光是設定維持正向的意圖那麼簡單。

一天在更衣室裡時，我失手弄掉了一件物品。我腦子裡立刻出現一個聲音——一個熟悉的聲音——說：「喂，拜託！你眞是笨手笨腳！」瞬間，另一個聲音加進來：「不可以那樣跟蘇珊講話！」我高興極了，樂見我的「夠好了」練習已經練到習慣成自然，成爲我的一部分。我仍然有許多必須好好下功夫的地方，但我接受了自己**將會**犯錯、變得不酷或失去耐性。只要我能主宰這些時刻，不容許小我責怪別人或建立辯解，我就能接受不完美是令人之所以是人的元素。

艾瑞克和安琪面對艱鉅的任務，但他們決心學會不再容許自己嚴厲、批判的內在聲音，阻撓他們以健康的方式對待兒子，並且允許自己犯錯、受挫。這一部分的輔導工作很愉快——看著父母開始放寬心，安然接受只要盡力就好。另一件振奮人心的事，則是看著他們敞開心扉，願意相信如果他們接受自己有不擅長應付查理的地方、承認他的感受、該道歉就道歉，就能不再把每個棘手的親子教養時刻，都變成是對他們靈性修持的考驗。

跟著孩子一起成長

有時，我們拖拖拉拉不給孩子訂立規範，是因爲我們畏懼孩子。他們鬧起脾氣來是那麼地恐怖或累人，以致我們在他們身邊總是戰戰兢兢，生怕惹他們不開心。其他時候，我們則害怕若是剝奪孩子渴求的事物，會「扼殺他們的心靈」，或許這是因爲父母打壓我們渴切事物的記憶依然歷歷在目。也有的時候，我們疏於全面承擔船長的角色，是因爲我們對正式變成大人懷抱矛盾的心態。

養兒育女讓我們突然進入成年期，或至少，如果我們作好準備、有心成長，親職會給我們長大成人的機會。然而，一旦我們爲人父母，察覺到我們必須負起多大的責任時，有可能會大吃一驚。

我兒子長到成爲按時用餐的嬰兒的某天，我餵他吃早餐。不久，我便發現自己在想幾個小時後要餵他的午餐。我的第一個念頭是，找出房間裡那個應該負責照料這些事的大人——要打點每日早餐、午餐、晚餐的那個眞正的大人。在有孩子之前，我先生跟我的用餐時間都很隨興，總是最後一刻才隨便弄點吃的，事前不會多想什麼或預

「建立界線」有助於我們教養出懂得處理失望情緒的孩子，教育出堅強、適應力佳、獨立自主的孩子。

作計畫。當我赫然醒悟自己得負責這孩子未來十八年的每日三餐時，不禁嚇得目瞪口呆！

坦白說，當時我不認爲自己有那麼成熟或沉穩。但真相是，當我有了孩子，一腳跨進成年期的決定，或多或少就已經替我作好了。我必須跟上事實，體認到既然我**就是**房間裡的成人，不如就全心投入這個角色。我們是人生舞台上的演員，要演就演得像樣！真沒料到，我人生最大的蛻變是在我更深入親職舞台時發生的，我發現長大真的很棒。以前我擔心長大就得拋棄自己愛開玩笑或隨興的那一面，其實根本不必。

孩子天生就是無助的，必須仰賴他人照顧。大自然在父母心中注入保障孩子生存的強烈衝動，好讓孩子能存活到即使沒有父母保護、也能自己生活的程度。小孩自然會試探我們訂立的界線，以釐清他們世界的疆界在哪裡；否則，他們可能會不小心闖出地圖的範圍外，愈走愈遠。建立界線有助於我們教養出懂得處理失望情緒的孩子，教育出堅強、適應力佳、獨立自主的孩子。

這是親子教養的大獎之一：看著長大成人的兒女，能夠自信地走過人生免不了的高低起伏。然後，我們就知道我們那麼努力自我成長，同時擔任孩子慈愛的管理人，而在這段過程裡的成長痛——孩子的和我們的，全都值回票價。

屬於你的練習

上一代對你的教養，如何影響你和孩子互動的模式？

回顧你的童年，想想看，你接受的教養如何影響你爲孩子擔任冷靜、自信船長的能力。

1. 你的父母是否給了你健康的認知，讓你知道什麼是慈愛且明確的指示？
2. 你如何刻意按照父母的方式教養孩子？你的做法有哪裡不同？
3. 你是不是有時候會害怕爲孩子訂立禁令？是什麼助長了你的不自在？
4. 描述一下有哪些關於成長的想法或信念，可能降低了你擔任負責照料孩子的大人的意願。
5. 如果你常對親職感到罪惡或羞愧，你腦海裡的批判聲音是誰的？是父母、老師、教練嗎？還是童年時對你很重要的其他人？
6. 你或許會想做我帶領安琪做的練習，我要她想像鋼纜貫穿她整個人，並扎根進入地底。在你的心靈之眼維持這個清晰的意象，看你能不能連結到內在的深層力量，以供你在跟孩子互動時使用，讓你可以保持慈愛且穩定、果決。

請你跟我這樣做 日常教養的實際應用

※孩子跟我們不是平等的嗎？

問題：我重視靈性，我相信孩子跟我絕對是平等的。要我訂立禁止他們順從自己心意的戒條，規定他們怎麼做，或是潑他們冷水，我覺得並不好。這麼一來，要如何做到你建議的權威角色呢？

建議：我去年過生日的時候，兒子寫了一封關於他童年經驗的信送給我。他在信中感謝我協助他成爲現在的他，並影響他未來會有的樣貌。他在信裡不時提到以前他想要什麼東西或想做什麼事，卻被我否決，令他很失落。但從他現在長大成人的觀點回顧過往，他很感謝當年的我堅守立場，現在他明白自己以前想做的事並不符合他的最佳利益。

這封信給了我說不出的感動。以前有時我不得不對孩子想要的事物作出惹人厭的決定，那些我都記得一清二楚。假如是我還沒有定見的事，我會請他尊重地說明爲什麼我應該收回成命，允許他去做那些事。有時候，他確實可以說服我回心轉意。

但如果我確定自己絕不會改變心意，那麼不管兒子會生氣或失望，我都會信任自己的直覺，著眼在大局上，捨棄那些我知道只要我肯屈服，他就會對我露出的甜美笑容。

即使在兒子幼年的時候，我就體認到在靈魂的層次上，兒子各方面跟我都是平等的。（其實，我常覺得他比我更有智慧！）但我後來明白了，孩子在生活中需要一個能夠指引他們的穩健人物，即使這個人不准孩子做他們渴盼的事，例如觀賞一部你知道會害孩子做噩夢的電影，或參加一場沒有家長在場監督的派對。

建立界線或讓我們的孩子失望並不容易，但或許跟我一樣，你會看出這跟我們與孩子在靈性上是否平等無關；不用說也知道我們彼此是平等的。重點是我們有責任和義務，盡我們所能，全然安住在大人的角色中。要做到這一點，你可能得在孩子生氣的時候，跟我們不安或不自在的感受同在。但我們不應該爲了迴避這些不愉快的感受，而棄守他們更大的需求——亦即由我們擔任慈愛的船長，帶領他們航過風雨以及平靜的水域。

※怎樣才不會覺得孩子是衝著我們來的？

問題：我兒子不乖的時候，我實在很難不認定他是在針對我。這讓我失去立足點，對他的反應活像我們是放學後在操場上打架的同齡小孩。他惹我生氣時，我要怎麼保住大人該有的樣子？

建議：想像你在一座小湖的一艘船中漂流②，你心情舒放到開始打盹。突然，另一艘船硬生生撞上你的船。你立刻就看看是誰在掌舵：他們竟然那麼不小心，敢撞你的船！他們在想什麼？你的血壓開始上升。他們怎麼可以那麼不負責任！

你爬起來找犯錯的船長，然後發現……沒這個人！另一艘船必然是從碼頭鬆脫了，它撞上你的船，只是因爲它隨著水流漂到你那裡。由於沒有可以責怪的人，你立刻恢復平靜，說不定還設法將船繫到你的船上，以便安全地將船帶回岸邊。

什麼變了？只有你對這件事的想法。你察覺撞過來的船並不是由蓄意傷害你的人掌舵的。那終究不是衝著你來的。

選擇不要把兒子不規矩的行爲，當成是存心冒犯你或是要惹你生氣。他也許是累了，或餓了，或覺得沒得到應有的關注。或許他在擔心學校裡的某件事，或只是有點不開心。就算你兒子是存心惹你，你也可以看穿這個動機的表相，了解這個行爲是爲滿足個人需求的笨拙手段，不是惡意的。

你可以給自己的大禮之一，是允許自己在經歷生活點滴時，不將別人的行爲當成是針對你而來。龍捲風不會故意吹散一棟房屋，房屋只是剛好座落在龍捲風移動的路線上。

儘管去感受你的挫折或失望，至於因爲認定兒子刻意傷害你而痛苦，倒是不必。他只是一艘隨著個人難關的水流漂蕩的船。處理造成他不良行爲的根本原因，但給自己後退一步的自由，不認定他是衝著你來的。

✳我當了船長，還能繼續嘻嘻哈哈嗎？

問題：我嘗試做一個船長，但我覺得自己有變得太嚴格的風險。我以前的管教太鬆散了，現在我明白如果我有一點「大人樣」，對我的孩子會比較好，但我不想變成我母

②這個練習的靈感來自約翰．威爾伍德（John Welwood）《遇見100％的愛》。

親的翻版，她非常的嚴肅死板。我要怎麼一邊當船長，同時做個風趣的媽媽？

建議：小孩天生就會享受生命。幸虧如此，否則這將是個沉悶無趣的世界，每個人都拖著腳步完成一件件的待辦事項，然後行禮如儀地從清單上劃掉。

記住，鐘擺從一個極端盪到另一個極端，最後才定在中間。你往往得花一點時間，才能找到你的最佳打擊位置，安住在船長的角色中，同時不犧牲跟孩子享受生命的愉悅。久而久之，你就能自在地訂立必要且恰當的限制，例如當孩子要玩火柴或是從屋頂上跳下來。

艾克哈特・托勒提過一個有趣的故事。他經過一所學校，學校剛開始放暑假，不對外開放，他們懸掛了一幅大大的標語，上面寫著：安全第一！他玩味著這一則送給放假學生的臨別贈言，然後他想到收假回來展開新學年的學童，不禁笑了。艾克哈特說：「做得最好的學生會說：『我在假期裡都非常、非常安全第一喔！』」顯然，我們要孩子小心謹慎，同時也要探索世界、玩得開心。

我的建議是：當你必須決定應該對孩子軟一點或硬一點時，先停下來審視自己。你的最佳行動方針，就是靜心聆聽你的直覺怎麼說。請信任自己。

自信地擔任船長的角色。你不必變成你母親的翻版，也不必像個陸軍中士。假如那是個吃冰淇淋當早餐的好日子，或是宣告那是個不必換下睡衣的節日，就儘管去做吧！我一點都不希望閱讀我書的父母們，以爲自己不能再跟孩子一起做傻事、嘻嘻哈哈。別忘了，儘管船長洋溢著自信，懂得應付波濤洶湧的海域，他們也會在舞池裡跟乘客翩翩起舞！

孩子提醒我們去玩耍、探索、充滿熱情地擁抱生命。你和孩子在一起時，就要擔任在場的大人角色，但絕對不要因此停止讓生活充滿喜悅和歡樂。

第三章

如實接受孩子的本來面目

現實總是比我們跟自己編造的說法溫和。

——拜倫・凱蒂[2]

在《紐約時報》的一篇文章裡③，艾力・芬克爾提出爲人父母者，在有了孩子以後的幾個生活品質統計數字。「在《科學》雜誌刊載的一份研究中，人們回報自己前一天在十六項活動中的情緒體驗：工作、通勤、運動、看電視、進食、社交等等。他們在教養兒女時體驗到的負面情緒，超過除了工作以外的全部活動項目。他們在教養兒女時的疲憊感，也超過幾乎全部的其他活動。」

慘吧？爲人父母的喜悅到哪兒去了？那些濕答答的親吻和愉快的依偎呢？儘管芬克爾的文章內容令人不忍卒睹（他也引用了父母們不斷上升的臨床憂鬱症統計數據），卻在我的臉書專頁激發寶貴的對話，全美各地的家庭無疑也是。唯有我們承認，我們對於安住在眼前的生活（包括養育兒女）抱持矛盾的心態，我們才能找到擁抱生活的方法。

雖然這篇文章很重要，卻讓讀者感到養兒育女必須挑起的擔子實在太沉重，隧道盡頭沒有光。看看未來十八年都要失眠、承受財務壓力、性愛機會減少，眞的很難令人怦然心動。我絕不會說只要換個心態就能減輕沮喪，但我相信只著眼在負面的前景，對自己沒好處。眞相是，拉拔孩子長大眞的很辛苦。而用神話般的行爲標準（永遠有耐心、從來不會有火氣）要求自己，只會助長芬克爾說的那種沮喪。

> 解決之道不是使不愉快的事消失，而是跟那些事和平共處。

爲人父母得不到感激。「我要奶油義大利麵！」你的孩子堅持著，而你才剛慈愛地把親手烹調的有機、非基改燉肉端到晚餐桌上。**爲人父母要收拾爛攤子**。把手伸到沙發椅墊下，天曉得會找到什麼腐爛的食物。**爲人父母還非常地累人**。有一位母親告訴我，她生活裡最渴盼的事只是睡眠不要被打斷，可以一覺到天亮。

雖然我們立志在爲人父母的日子裡保持覺知，但負責養育孩子，並不會抹除我們的人格或使我們的需要、心情、欲望消失。我們盼望可以安靜地閱讀幾個鐘頭，進浴室不必帶觀眾。當然，我們有時會感到怨懟。也有的時候，我們會失去冷靜。在有些日子裡，我們會說出但願自己沒講出口的話。情況就是這樣。解決之道不是使不愉快的事消失，而是跟那些事和平共處。

「快照小孩」症候群

在《教養不是作戰》中，我說我們很難接受孩子的本來面目，不是因爲他們的問

❷ Byron Katie，以《一念之轉》聞名，教人以四個簡單的問題自省，破除妄念造成的痛苦。

③ Eli Finkel，〈為人父母的精神創傷〉（The Trauma of Parenthood），《紐約時報》，二〇一四年六月二十九日，http://www.nytimes.com/2014/06/29/opinion/sunday/the-trauma-of-parenthood.html?_r=0。

> 我們很難原原本本地接受孩子的實際情況，因為存在於想像中的快照小孩，跟眼前這個有血有肉的小孩之間有落差。

題行爲，而是我們拿有血有肉的眞實小孩，跟我說的「快照小孩」（Snapshot Child）作比較。當我們叫小孩去倒垃圾，快照小孩說：「好的，媽媽！」眞實小孩則會哀叫抱怨。我們叫小孩寫功課時，快照小孩會說：「謝謝你提醒我！」眞實小孩則看電視看得出神，活像我們不存在。快照小孩跟人和睦相處，懂得分享玩具、擁抱和最後一塊蛋糕；至於眞實小孩呢，我想你心裡有數。

儘管孩子不符合我們的期許很教人氣餒，但我們不是因爲孩子惱人或不合作而失去冷靜。**我們情緒爆發，是因爲我們認爲孩子不應該惱人或不合作**。也就是說，我們很難原原本本地接受孩子的實際情況，是因爲只存在於我們想像中的快照小孩，跟眼前這個有血有肉的小孩之間有落差。

我們變成律師或獨裁模式，並不是孩子的惡劣行爲「逼得我們沒選擇」，而是因爲一個故事——一顆我們吞下肚的「想法藥丸」，對我們造成不良影響。而這個令人氣餒的故事，又被我們內心的律師大軍放大，他們殷切地爲我們的不滿找理由。如果你發現自己在想「傑佛瑞幫忙做家事時，臉色應該愉快一點」，你腦子裡的律師軍團便會迫不及待地提供支持這個想法的證據，拋出以下這一類的想法：他只在乎他自己！連他丟在浴室地板的浴巾，都要我不斷地嘮叨，他才會去撿！

唯有去探究爲什麼孩子惱人的行爲自有其道理，這些故事和信念才會停止作用：傑佛瑞「不應該」愉快地幫忙做家事……因爲他是個同儕問題纏身的鬱悶青少年。或者，傑佛瑞「應該」在我要求他做家事時拒絕我……因爲我是用不耐煩的諷刺語氣逼他做家事的。

當我們宏觀地檢視孩子以及我們的生活，我們會比較能接受現實，而不是與現實爲敵。假如我們需要改變做法，我們的回應就會是來自韌性，而不是狗急跳牆的反應。想要擺脫快照小孩症候群，就得停止推開現實，承認我們的排斥心態，並允許快照小孩症候群離去。就像講者兼作家拜倫．凱蒂的幽默說法：「當你跟現實吵架，你會輸。吵輸的機率大概只有百分之百吧！」

正如同我們可能很難接受自家小孩——我們情願要快照小孩，而不要有血有肉的這一個——我們可能也很難接受每天照顧孩子的實際生活樣貌，因爲現實跟我們的想像可能相差十萬八千里。但這裡面就暗藏了拓展自我、成長的大好機會。

有些人的成長機會，來自一些小事：我們想都沒過要加入親師會，但是當我們姑且一試，卻在幫忙販賣糕餅時，意外發現跟其他家長建立了盟友的情誼。也可能我們是堅定的和平主義者，結果生了一個對武器著迷的小孩。眞沒想到，我們竟會全心全意投入兒子跟他哥兒們的雷射槍對戰遊戲。當我們拒絕放下身段，不願擁抱現實，可能會錯過一些精采的體驗呢！

安然面對理想化生活與現實處境的差異

幾乎每個人理想中的「快照生活」，都不符合我們實際的生活寫照。有些人的快照畫面有一個笑咪咪的媽媽和笑呵呵的爸爸，爸媽身邊圍繞著一群活潑可愛的孩子跟家裡的狗狗；現實則可能是充滿火藥味的離婚，以及糟糕透頂的監護權安排。其他人的快照，有可能是一群吵吵鬧鬧的孩子滿屋子亂跑；現實則是一個困坐在輪椅上的肢障孩子。另一位家長或許想像著輕鬆愜意的生活，有湖上假期，還要送孩子念私校；而經濟衰退，或許讓這一家人在他們先前避之唯恐不及的地段，擠著住在一間小公寓裡。

我們很少能夠把生活操控到足以杜絕一切意料之外的轉折。人生原本就包含數不清的機會，你不是反抗，就是順應。我看過面對一模一樣情況的人（重病、上癮症、法拍），對他們的生命情境抱持天差地別的態度。抗拒變化的人可能會長年痛苦，怨恨上天、他們的前任配偶、他們的父母「害」他們面臨挑戰，那些挑戰都不是他們自己想要的啊！別的人則跟生命的「眞貌」和解，以謙卑、接納的心迎向生命，遇到再微小的光明時刻都心懷感激。

要從理想化的快照與現實生活之間的差異中成長，不再滿心怨懟，就要放下許多事。每天，我們有幾百次跟艱難時刻交朋友的機會，而不是咬著牙忍受。一切都歸結到那些微小的選擇——就是我們在決定如何處置眼前的事情時，在一個片刻接著一個片刻所做出的那些微小決定。

有時，我們面對的事是從我們大腿往下滴的寶寶糞便。我的朋友以利沙曾經聊過他跟寶寶困在國際航班上的故事，姑且委婉地說，寶寶的胃不太舒服。要是他和太太多帶幾包嬰兒濕紙巾，這趟航程應該會輕鬆許多。「儘管兒子臭尿布裡的玩意兒滲到我乾淨的長褲上，我只能決定好好面對在那當下發生的事。好笑的是，當我不去排斥當下發生的事，並且保持幽默感，我竟然在那雞飛狗跳中發現樂趣！我太太跟我一路都在哈哈大笑。」

不難想像相同的情境，可能出現不同版本的故事：「你一定不會相信我在那班飛機上忍受了什麼！根本是地獄！我這輩子最慘的九個小時！」

我常常見識到爲人父母者放下他們對快照生活的執著，接受現實，甚至是包容極爲艱難的處境，例如罹患重症的孩子，他們的耐心和優雅的身段每每令我讚歎。你或許會說：「那些家長沒得選擇啊！」但他們確實有選擇；我們都有選擇，每一刻都是：我要抗拒眼前的事，活在苦澀和挫敗中嗎？還是要讓身、心、靈與現實情況接軌，允許自己安然處之？

當然，這絕不表示我們不應該盡全力開創必要的改變。我並不是在倡導消極的逆來順受，但有句話是這麼說的：「你抗拒的事，會持續存在。」如果你擁有一塊願景板，或者是你很清楚自己想要創造怎樣的生活，那很好；至於人生應該如何我們才肯與孩子一同享受生命、才願意接受眼前那些情況的眞實樣貌，則是我們必須拋棄的快照。

西薇的教養功課：爲必須放棄的過往生活哀悼

在有孩子以前，西薇過著寧靜的生活，一星期上五堂舞蹈課，還固定參加繪畫工作坊；而現在，她覺得自己在要求很多的孩子們之間漂流。「我覺得自己跟滋養我靈魂的那些東西斷線了，」她坦承，「雖然我全心全意地愛我的孩子。」

就像安琪和艾瑞克一樣，西薇對自己沒做到爲人父母「應該」做的事，感到很愧

當孩子察覺我們只有「半顆心」在他們身上，便會使出一切手段，來把我們的整顆心帶到當下，即使鬧脾氣、侵犯別人或挑釁也在所不惜。

疚。「照顧孩子比我想的難很多。我知道自己應該有的感覺——愛、感恩、愉快。有時候，我確實有這些感覺。但我先生的工時很長，只有我自己照顧一個專門唱反調的小小孩和一個專橫的四歲小孩。我覺得有一部分的我快死了。我注意到自己一直上臉書看朋友們在忙什麼，試著跟如廁訓練和巴尼❸以外的世界保持連結。我很討厭自己老是上臉書，跟孩子在一起時，心卻不在他們身上：人在，心不在。」

雖然西薇跟我討論過抽出時間做她喜愛的事情很重要，只上幾堂舞蹈課，顯然不足以讓她停止抗拒日常生活的擔子。我猜，要讓她接受目前的生活，就得先讓她爲自己必須放棄的舊生活哀悼，不然，她會困在兩者之間——不再過著有孩子以前的生活，但也沒辦法全然投入現在的生活。只用「半顆心」來養育兒女，必然會遇到教養上的挑戰。當孩子察覺我們只有半顆心在他們身上，他們會使出一切必要手段，來把我們的整顆心帶到當下，即使必須鬧脾氣、侵犯別人或挑釁也在所不惜。

我告訴西薇：「要消弭你對育兒生活的委屈，唯一的辦法是哀悼。你得**正視**自己的感受，就算你的本能叫你背過身去也一樣。」我請西薇靜一靜，去體會埋藏在抗拒

❸美國兒童節目裡的一隻紫色恐龍。

之下的感受。

她告訴我：「我感覺到了憤恨和受困。就好像被關起來或窒息的感覺，然後，這種感覺讓我覺得自己很丟臉。畢竟，是我自己想要小孩的。他們需要照顧，他們不能像外界那樣令我興奮，並不是他們的錯。」

我請她品味自己當下的感受，不要用頭腦去想現在是怎麼回事。

「西薇，這個感覺讓你想到了什麼？你覺得受困或被關起來的感覺，很熟悉嗎？」

她沉默了好幾分鐘，然後回答：「我知道這種感覺。那就像一個最渴望跳舞和天馬行空的小孩，卻不准去做這些事。在我家裡，根本別想學跳舞，我寫功課又要寫很久，因爲我天馬行空的腦子壓根不想碰無聊的作業。我覺得……自己被困住了。」

探究這些事時，西薇回想起成長過程中，父母很努力地試圖改變她，不禁悲從中來。她的父母其實是爲了她好。身爲第一代移民，他們付出龐大的代價拉拔孩子，只因爲這裡有在家鄉不能奢望的教育和發財機會。但西薇是非常右腦、很有創意的小孩，熱衷以動作和藝術表現自我。就像所有的孩子，她的重大需求之一是感受到自己的**本來面目**受到父母的讚揚和珍惜。她需要知道自己令父母感到喜悅——清楚了解自己的眞實樣貌便已足夠。「覺得自己令最愛的人失望了，會令大孩子非常受傷。」

我告訴西薇，「那就像有人說你穿七號鞋的腳有問題，因爲你應該要能穿六號鞋才對。這個傷口——對於能夠自由表達獨特人格特質和興趣的渴望——可能澆灌了你現在帶小孩的一部分挫折感，因爲你必須壓抑自己的興趣，以便能夠天天照顧孩子。我覺得你的憤恨不平其來有自。事實上，你失去了很多。你放下了能帶給你喜悅和活力的事物，扛起爲人父母的世俗重擔。」

我在隨後幾週對西薇的輔導重點，是協助她深入早年因爲被禁止做自己而尚未排解的感受。我鼓勵她承認這些感受，允許這些感受存在，並且去體會隨著感受而來的身體感覺——沉重、緊縮、戰慄，但不要用心智去描述自己體驗到了什麼，以免中斷對那些感觸的體會。

當西薇重溫她的悲傷，靜靜體會自己的感受時，痛苦的情緒強度開始下降。她很訝異當她允許自己體驗埋藏在抗拒與怨憤之下的感受，她便可以進入非常寬容慈愛的心境——貼近自己與孩子。蛻變後的西薇變得溫和柔軟；事實上，她的神態舉止全都比較放鬆自在了。

在我們開始輔導幾週後，西薇跟我分享：「我不太曉得這是怎麼發生的，但我發現自己對孩子的耐心變多了，比較能樂在那些細碎的時刻。我比較不會想打開手機看看『眞實世界』發生了什麼事，而較能投入孩子的事。想不到停止閃避我的抗拒心態，能讓我從抗拒中解脫！」

療癒兒時未能釋放的情緒

有時，我很訝異當個案準備好面對的時候，那些壓抑已久、一直沒有排解的感受，便會以驚人的速度浮現到檯面上。

西西莉雅有個五歲女兒和一個十八個月大的兒子。她說自己是性情溫和的人，她跟我預約電話輔導，是因爲她在女兒表達怒氣時大發雷霆。

「小時候，大人不准我生氣。所以我要女兒知道，當她不高興的時候，她可以表現出來；但要是她眞的那樣做，我卻會火冒三丈。」

我問西西莉雅，當她發火的時候，是不是有一部分的她，覺得女兒違反了一條規矩：小孩子不應該生氣。她承認確實如此。當我表示她小時候必須隱藏怒氣，但女兒卻獲准表達憤怒，這可能也激發了她的情緒。她亦深有同感。她面對的雙重標準並不容易排解——她要女兒可以擁抱以前大人要求她壓抑的惱人情緒。

我請西西莉雅單純地跟憤怒一塊坐著，允許憤怒存在，不要批判它。「你覺得憤怒在身體的哪裡？跟我描述那個部位的感覺。」

「那是慌亂的感覺。是在胃部，還有，我的腳想要動，好像我希望事情快點過去。就像我想逃走似地。」她接著說，她也覺得臉變得緊繃了，就像她在聚精會神，試圖令某事發生。

「別只顧著分析。只要停留在身體的感受裡，看看還有沒有別的感覺，像是悲傷，或恐懼，或渴盼。」我說完後，西西莉雅立刻接腔：「對，悲傷。還有渴盼……」她啜泣了起來。我能夠感覺到她的哀愁很深沉，不論被翻攪出來的是什麼。

我保持安靜，不時說句話，讓她知道我在旁邊，同時不干擾她的情緒歷程。她用黑洞來描述那股渴盼。「我感覺到它就在那裡，但它太大了，我不能碰觸它，因爲我知道自己不能……擁有它要的東西。」

西西莉雅告訴我，小時候大人不准她哭泣或要求什麼東西。她的父母和兄弟們都有表達怒氣的習慣，唯獨禁止她生氣。「我會挨打，然後就得關在房間裡，直到我又可以做個『好』女孩才可以出來。我會儘量在房間裡待久一點，我快氣壞了，卻得勉強壓抑那種感覺。我是女生，女生就應該安靜乖巧，不惹麻煩。」

「西西莉雅，你眞的很勇敢。你可以停留在這份哀傷裡，給它空間。謝謝你這麼勇敢。」

她靜靜地啜泣，一邊告訴我，她難得哭上一回。我想，她很訝異當她願意挪出空間，這些陳年的感受這麼快就浮現出來了。

在我們隨後的談話中，我解釋，允許自己體驗這些情緒不只對她有益，她女兒也能受惠。

「憤怒只是展現在外的傷心。當你給悲傷發聲的空間，你很可能會發現自己不再那麼氣女兒了。」我還說如此一來，她也比較能協助女兒在挫敗時感受悲傷，而不是爆發怒氣。

我們再次見面時，西西莉雅告訴我，單單因爲這樣一個突破，她眼前便出現一個新世界。她說完全沒想到，自己的反射性反應會減少。「連我先生都注意到我的聲音變冷靜了。」但她很難拒絕女兒，所以當女兒倨傲地反抗她，她仍然會感到氣惱。於是，我們討論了她對堅持立場的恐懼是從哪兒來的。我請她大聲說幾遍「不要」——不是請求，而是宣告。

「我的腹部感覺到極大的壓力或能量，但我沒辦法讓它宣洩出來。那感覺好像要

孩子常常會催化我們內在的重大療癒，只要我們肯將親子間的棘手問題，變成給陳年感受喘息的空間。

噎死我了。」我沒有催趕她。她開始哭。然後我聽到她說：「不要！」那是試探卻有力的聲音，聲音背後滿是奔流的淚水。她的「不要」強勁了點，西西莉雅止不住地哭泣。

諮商結束時，她輕盈了許多。我們笑說她有這麼一個據理力爭、意志堅強的女兒，眞是太妙了。我說：「宇宙的運作很了不起，對吧，西西莉雅？宇宙沒有給你一個柔順溫和的孩子，而是給你一個強悍堅定的小孩，這個小孩可以說：『媽咪，爲自己發聲的語氣就是這個樣子喔！』於是，因爲你有個人需求而出現的陳年感覺就可以清理掉，好讓你知道你可以表達自己的需求。」

一如我們的討論，我們的孩子常常會催化我們內在的重大療癒，只要我們肯將親子間的棘手問題，變成給過往感受一個喘息空間的機會。西西莉雅就是一例，看到她願意療癒往日的痛苦傷痕，她的勇氣啓發了我。

在前兩個案例中（西薇和西西莉雅），這兩個女人抗拒親職生活的「眞貌」，是因爲受到尙未解決的童年傷痛的強烈影響。我要聲明一點，如果我們對目前的生活有激烈的情緒反應，從過去挖掘線索總是好的，但我不認爲應該把我們全部的困擾都怪到父母頭上，也不是主張我們要忽略目前生活裡壓力源的影響。婚姻的壓力、公司裡的困難、財務上的挑戰、甚至荷爾蒙失調，都可能加重並加深我們對孩子、對生活的抗拒心態。

孩子不是父母炫耀的工具

對孩子本來面目的抗拒，也會出現在要求孩子滿足我們的自尊時，使孩子充當讓我們自我感覺良好的工具。我們或許會在兒子觸地得分贏球時，因爲其他坐在看台上的父母露出欣賞的表情而感到自豪，於是不斷讚美兒子；或者，我們可能會因爲女兒在派對上對客人很有禮貌，客人稱讚她是個有家教的小妹妹，於是我們自尊心大振，給了女兒大量的關注。在別人肯定孩子的才華或和善的個性時感到愉快，沒有什麼不對。但孩子能夠敏銳地察覺到父母的感受，他們想得到我們的認同，也知道贏得認同的條件。當父母一定要孩子呈現特定的樣貌才會覺得開心，我們就造成了傷痕，因爲孩子必須達成我們設定的條件，才能得到我們的愛和接納。

接受孩子的**現狀**，讓我們可以體認到他們是獨立的個體，有自己的強項和困難課題。這並不是要求孩子填補我們的不安全感，他們也無須爲我們的感受負責。這讓我們可以接受孩子的缺點，對於那些我們認定絕對是依據孩子的成就來評斷我們的人，

接受孩子的現狀，體認到他們是獨立的個體，有自己的強項和困難課題。不要要求孩子填補我們的不安全感，他們無須為我們的感受負責。

我們也不再害怕他們會因此看輕我們。這一切全都讓我們不再被自尊驅策，於是我們可以把孩子撫養長大，接受他們的本來面目，用心陪伴他們。

父母爲何抗拒接受孩子的實際狀況

「接受」也讓我們可以面對孩子覺得棘手的挑戰，不再閃躲。莉莎是路克的母親，路克是十五歲的青少年。莉莎知道兒子的成績退步，但她覺得那是因爲九年級的課程比國中難很多（編註：美國高中學制爲四年，由九至十二年級，相當於台灣學制的國三至高三）。路克從一場派對喝醉酒回家，她斥責兒子，但兒子保證這是第一次、也是唯一的一次。「我討厭喝這個玩意兒，媽。」於是她選擇相信兒子。

路克的朋友們一聲不響地來到他們家，逕自走向路克的房間，看都沒看她一眼，她歸因於這是青少年的彆扭行爲。當她質問兒子房間裡怎麼有大麻味，兒子說他沒有抽大麻，八成是他點了奇怪的薰香所留下的氣味，而她也信了。路克的兩位老師透過電子郵件通知她，路克第一學期的成績可能會不及格。她教訓他要用功一點，但情況絲毫沒有改善。路克開始在週末睡到中午才起床，她告訴自己，這在路克的年紀很正常。也就是說，莉莎抗拒接受兒子的**實際情況**，不願承認他或許正跌跌撞撞地出現重大問題、沮喪，或是需要關注的學業問題。

莉莎不是惡質或忽略小孩的母親，實際上她非常關心兒子，希望他能過好日子。但她拒絕與現實接軌，選擇把兒子視爲以前那個純真、無憂的小男孩。我聽過艾克哈特・托勒把莉莎拒絕正視路克現況的這種抗拒形式，稱爲「機能失調的接受」（dysfunctional acceptance）。她沒有考慮到兒子的行爲或許點明了他有一些需要處理的課題，只接受兒子說詞的字面意思，相信他不愛喝酒、不抽大麻，至於成績退步和睡到中午才起床，則是正常的青少年階段。這看似接受，其實是消極的抗拒形式，或是閃避兒子行爲的眞相——對現實的機能失調的接受。

直到路克有兩科成績不及格，莉莎才來找我諮商。我們發現路克的確因爲社交問題而陷入沮喪，長期隱藏他對父母離異的感受，他也不具備一些重要的數學技巧，以致他爲了數學而苦惱不已。路克試圖用大麻、酒精、睡眠麻痺自己的感受。莉莎很驚訝兒子的情緒困擾這麼嚴重，她一直選擇撇開眼睛，害怕萬一兒子眞的出了狀況，自己就得面對罪惡感和被壓垮的感覺。

教養是條讓父母突破自我極限的途徑

挺身面對人生，需要以可能令我們不舒服、甚至覺得不可能的方式，走過我們的抗拒。每個家長都說得出自己突破極限、順應親職現實需求的經驗談。我的親身經歷始於分娩的那一天。

我是個堅強又機智的人，但在某些方面，我卻稍嫌怯懦。例如在運動方面，我就不會勉強自己。即使我真的撐過了找藉口和拖拖拉拉的階段，大概也只是悠閒地騎騎腳踏車，或是在跑步機上漫步幾分鐘。眞相是，我一向都不擅長強迫自己突破我所認定的體能極限。

因此，在我開始陣痛後不久，也許在第四次或第五次宮縮時，我便對生小孩這件事完全改變心意。當然，我一直對分娩很興奮，但陣痛愈來愈厲害，我便判定自己終究沒那個本事。

二十七個小時後（外加我因爲太賣力推擠，以致眼睛血管破裂，形成兩個黑眼圈），一個超過四千三百公克的男寶寶誕生了。我跨越了自認辦不到的極限，現在成了一隻得意的母老虎，爲了這個完全占據我心的孩子，我可以赴湯蹈火。

> 養兒育女會引導我們突破極限，穿越抗拒，擷取自己不知道已擁有的內在資源。

親職就是這樣。養兒育女會引導我們突破極限，穿越抗拒，擷取我們不知道自己已擁有的內在資源。每一位父母都撐過了自以爲應付不了的挑戰，但父母們常常會跟自己說，他們**不可能**是那個懂得如何航過狂風暴雨的船長。一旦情況變得嚴峻，他們就喪失信心，覺得自己沒有能力處理孩子對父母離異的憤怒，或是發現青少年兒女確實在酗酒時，覺得自己應付不了那麼嚴重的問題。因此，他們選擇移開視線。

但就是在這些艱難時刻，我們可以超越抗拒，更堅決地投入臨在當下的親子教養。記住，要建立肌肉，就得先卸除肌肉纖維，這稱爲肌肉肥大（hypertrophy）。你得先經歷這些細微的肌肉撕裂傷，才能增加肌肉量。每一次當孩子說出令我們滿心恐懼的事，我們不給孩子反射式的反應，好讓孩子知道毋須對我們隱瞞眞相，我們就使自己成長了。我們發現自己在孩子難過時，可以理智地回應，不因爲我們一個頭兩個大而崩潰。

就是這些時刻塑造了我們的面孔，不只是身爲父母，更是身爲人類。拋棄快照，勇敢面對現實，感受我們的感覺，質疑那些暗示在別的幻想世界裡草比較綠（或小孩比較好管教）的說法，我們將能更全心地投入眼前的生活，跟上天賜給我們的孩子在一起。

屬於你的練習

你的童年，有哪些受到壓抑、不被允許抒發的情緒？

安靜一會兒，專心地感受當孩子做出惹怒你的行爲時，你有些什麼感覺。或許你女兒很粗魯，或許你兒子對你做的許多事都不感恩，以致你很難給兒女思慮周全的回應，而以憤怒的反應對待他們。

深而平穩地呼吸，跟憤怒一塊坐著。別試圖分析，或說服自己別生氣了，或讓憤怒加重或減輕。只要允許自己去感受，而不批判這些覺受的好壞。

你可能會發現，當你安靜地跟憤怒一起坐著，其他的感覺會浮現，諸如悲傷、失望、寂寞、傷心，或者自己是隱形人或不重要的感覺。如果你注意到其他情緒，溫柔地承認即可，就像慈愛的母親在安慰一個傷心的孩子那樣。慢慢來，不要急。

對所有的感受保持覺察，給它們空間。原先跟孩子的惱人行爲串連的憤怒，或許會轉變成偏向哀傷或悲痛的情緒。你或許會想到孩提時的痛苦，注意到是這些尚未了結的傷心，澆溉了你對孩子的憤怒。感受任何浮現的情緒，尊重而溫柔地對待每個情緒。

當你準備好，花一點時間重新熟悉房間裡的環境，將手放在心口上，感謝自己這麼努力、這麼勇敢地體驗這些難捱的感受。

如果這個練習引發了可觀的悲痛，不妨考慮向專業諮商師尋求額外的支援。

請你跟我這樣做 ➤ 日常教養的實際應用

※要怎麼接受自己的生活，接受現實情況？

問題：我的婚姻即將結束，連處理孩子的日常問題都讓我吃足苦頭，諸如埋怨要寫作業或要刷牙。要我接受此刻生活的現況，幾乎不可能。我試著擱下自己的需求來陪伴孩子（他們也很受傷），但少了我一向以為安全無虞的生活，我覺得很迷惘。我發現自己晚上得多喝一杯酒，才有辦法不那麼消沉地撐過這一天。

建議：要跟你希望自己仍然擁有的生活告別，面對說不準的未來，真的很令人遺憾。我強烈建議你抽出時間，去做任何能提振你的精神、安撫你靈魂的事。至少，當你向孩子示範你妥善地照顧好自己，你就教導了他們處理生命的挑戰、不麻痺自己的感覺是很重要的。

優質的心理治療在困頓的時刻可能極為重要，一群忠誠朋友的關懷與安慰也不可或缺。與內心的平靜感建立連結，也能給你許多助益；或許你會對瑜伽、靜心冥想、正念的練習感興趣。當然，在你辛苦走過艱難的日子時，飲食、睡眠、運動、良好的自我照顧都至關重要。

儘管我們可能會使出渾身解數，阻止生活發生改變，但有時我們仍不得不接受新的常態。我堅決相信不論遇到什麼事，我們都擁有處理的資源，只是我們必須懂得如何找到並運用這些資源。眞誠地面對你所經歷的痛苦，你就能化解它；埋葬它，只會令痛苦轉變爲不健康的行爲而浮上檯面。爲人父母不代表要當烈士、否定自己的需要或壓抑自己的情緒。取得能讓你度過哀傷的援助，不論你今天怎麼想，你和孩子都會安然無恙地走過這場損失。

辨識是什麼想法導致你把現狀解讀爲晦暗，或許也會有幫助。痛苦常常源自我們對一個情境的信念和想法，而不是情境本身造成的。當心智把你推進未來（想像中的寂寞或恐懼）或過去（渴盼或憤怒的所在之處），你大概就會受苦。但如果你將自己全然帶到當下這一刻，注意你的鼻息進出，留意空氣在皮膚上的感覺，那麼你或許會發現，**在這一刻**，你是平安的。辨識出令你痛苦的想法，了解你並沒有相信那些想法的義務。

如果你現在眞的遇到問題，就專心致志地處理。但要警醒，不要陷入拋棄當下的模式，被引發壓力的念頭拖進過去或未來。這並不是要貶低你所面臨的損失，只是要協助你卸下心智造成的不愉快的額外重擔。

※怎樣才能不再跟孫子談判？

問題：這一年半以來，我先生和我都在照顧我們的孫子。我努力地接受他挑釁的個性，但我真的好疲倦。每件事都要談判——電玩遊戲要玩久一點，堅持他「晚一點」就會去做家事，或是他突然累到不想洗澡。我明白如果我停止期待他隨和一點，狀況會比較好。但我要爭吵和脣槍舌戰停下來！

建議：我的前一本書都在談權力鬥爭，因此在此只簡單提出幾點。首先是：當我們需要孩子做到什麼事，我們往往會對他們張牙舞爪，不再跟他們並肩同行，以致引發他們的挑釁。小孩嗅得出我們的絕望，他們也很聰明，明白自己沒有讓我們快樂的責任。除了親密、關愛的依附關係（這是孩子心目中真正的權威基礎），當我們跟孩子的互動滲進了需求的調調，他們很可能就會還擊。這是人性。我聽過別人說過非常睿智的話：「最依戀結果一定要如何如何的人，擁有的力量最小。」

悲憫地承認你的孫子很想晚點做家事或不洗澡，少花一點想要辯贏他的心血：

「我知道電動玩具比洗澡好玩一千倍。眼看你就要晉級了，我卻跑來叫你關掉遊戲，你心裡一定更不是滋味。」這聽起來很簡單，但承認他的感受會有幫助。

有時，我會用酸鹼值來解釋關係。在科學中，如果溶液太酸，移除酸就能讓溶液回歸中性；我們加入鹼或鹽基，來恢復酸鹼平衡。同樣的，當我們跟別人，譬如配偶、兒女、孫子的關係太酸，加入鹼就能讓關係恢復平衡。以我的模型來說，就是增加可以強化依附關係的互動。

你的孫子不是由他父母養育的事實，也表示這可能是較深層的問題——憤怒、哀傷、傷心，造成他的長期抗拒。承受過劇變的少年對無力感很熟悉，所以一逮到機會，就會特別努力地操控情況。我相信你的孫子和你都做過諮商，都有協助他調適生命變局的後援，不論他在你和你先生慈愛的照顧下，日子好過了多少。

你的孫子需要有人幫助他卸下壓抑的挫敗感和失落感，務必讓他得到援助。還要加強你們的依附關係，好好改變祖孫關係的「酸鹼值」，他就比較不會每次你要他做什麼，他都堅決反抗。關於依附關係，詳見本書第九章，或參考《教養不是作戰》。

《孫子兵法》說：「不戰而屈人之兵，善之善者也。」避免跟你的孫子陷入角力和口舌之爭，相反的，專心建立你們祖孫的關係，讓他更能感受到，雖然你較喜歡他隨和一點，但你同樣喜愛他的本來面目。

※有時我會覺得小孩很討厭，這樣沒關係嗎？

問題：講出來實在很丟臉，但我有一個見不得人的小祕密。有時候，我會不喜歡我的孩子。我很愛他們，但有時我眞希望他們不要來煩我。在很多方面，我都得像個媽媽一樣照料我母親，而我雖然非常愛兩個孩子，卻很怨恨自己必須隨時「開機」照顧他們。我幾乎練習了一輩子的靜坐，現在卻連獨處十分鐘都很難。有時我坐下來要靜坐，小孩就用力拍打房間的門。說起來不太「靈性」——他們只想跟我在一塊，我卻想把他們逐出腦海。

建議：除非我們正視眞相，否則便沒辦法作出對我們最有幫助的改變。不論我們體驗到什麼——罪疚、羞恥、疲憊、敬畏、感恩、喜樂，都必須得到我們的認同，我們才能全然接受自己複雜的人性。如果你逃避自己不樂於爲人父母的時刻，你只會把怨氣推到檯面下，然後怨氣會以不耐煩、挖苦、退縮的形式滲出來。

去覺知你的感受。你渴求生育之前那無拘無束的生活，是很合情合理的。我還記得自己有時很想獨自靜坐一會兒，卻聽到叩叩叩的敲門聲，附帶「媽媽！我需要你！」的叫嚷。我記得以前會帶著引人入勝的書籍躲到洗手間，希望自己可以像在爲人母之前那樣，沉醉在故事之中。唯有允許自己臨在於當下正在發生的事情上，感受才能優雅地穿越我們而離去。

啊，我們都只是凡人。每個人都將自己童年的試煉和痛苦帶進親職之中，跟我們獨一無二的性情及天性配成一對。有的父母會在育兒的喜悅和神奇裡渾然忘我，一次也沒有回顧孩子降臨前的生活。其他父母則是在親職的要求中走走停停，盡力擁抱父母的角色，卻老是不確定自己是不是稱職的父母，內心因而惴惴不安。

每個人的心裡都住著一個內在小孩，這孩子只想接收愛、仁慈、支持。當我們給這個小朋友跟我們孩子一樣的照顧和陪伴，內心的傷痕便可以得到深層的療癒。

我的建議是，對自己要有無比的耐心，允許任何感受浮現出來，予以辨識。不妨找治療師輔導你走出令你感到沉重的怨憤，對你或許會很有幫助。當家庭生活太雞飛狗跳、混亂不寧，休息一下吧！請朋友或家人伸出援手，讓你有一些獨處的時間，這樣總好過以會傷害你或孩子的方式發洩挫敗。有些媽媽們組成互助網絡，每隔幾個月便能有一次過夜的行程，只爲了給自己二十四小時的充電，隨時想做什麼都可以。光是度過不必照顧別人需求的一天，就非常令人元氣大振了。

第四章

給孩子留點不滿足的空間

如果要在這個世界教導什麼是眞正的和平，

如果眞的要發起反戰之戰，我們應該要從孩子著手。

——甘地

> 這是悲憫的必要成分：體認到即使我們不了解一個人為什麼會作出那樣的反應，但他的過往經歷在他看來是真實存在的。

我的教養功課：接納自己的不完美

我和兒子坐在他車上，針對一個誤解作討論。再過幾天，他就大學畢業了。我注意到每逢他的重大人生里程碑，我們常會陷入某種形式的爭執，這大概是我要讓他離巢的部分潛意識過程吧。

我向他解釋爲什麼他說的話觸怒了我，他則很難理解爲什麼那件事會造成問題。最後，我說：「你沒辦法知道那爲什麼會惹我生氣，因爲你沒有去過我長大成人的那個星球。」於是他就懂了。他的臉色變得柔和，姿態放鬆，只說了一聲：「哇。」

在那一刻，我了解這是悲憫的必要成分：體認到即使我們不了解一個人爲什麼會作出那樣的反應，但他的過往經歷在他看來是眞實存在的，一如我們也認爲自己的是眞的。

我兒子亞力的身高超過一百九十五公分，這身高可能會給人一點壓迫感，但即使只跟他互動一下，你就會知道你在他面前是安全的。我思忖著他如何長成現在的樣子，我知道他的性情有一部分是天生的；我想，小孩天生就有特定的性情，而亞力誕生時帶來了溫和的特質。但我同時相信即使不是大部分，也有很多孩子誕生時具備類似的友善、不防人的特質，而我們有機會協助他們在這個世界走出自己的路，擁有不壓制別人的力量、撫慰別人的慈悲心，以及舒心的溫文有禮。

我盡力協助兒子了解，光是我們從來不必擔心沒房子住或餐桌上沒有食物的事實，就代表他出生在有著美好恩典的環境裡。在我們去的旅行地點，他可以結識那些快樂不是來自財富的劣勢者。我們在社區做志願工作，跟他互動的人有可能會直視他的眼睛，讓他知道自己付出微小的努力來改善對方的生活，人家可是點滴在心頭。我努力爲鄰居和朋友做到同一個部族或同舟共濟的人會做的事，我相信口頭上誇讚別人是好人，或開支票給慈善機構，跟實際露臉不一樣。

我養成了留意生活中簡單快樂的習慣——薰衣草冰淇淋的味道；聽到精采的笑話；晚上躺在草地上看星星。亞力開始指出東西要我看：「媽，你看光線照在山頂上的樣子，很漂亮吧？」「眞的很美，親愛的。謝謝你從來不會讓我錯過美景！」

我努力透過生活方式讓兒子明白，撥冗反省、靜心冥想、靜靜地凝視窗外，都是讓我可以保持本色、對自己眞誠的基本要件。

但是，唉，我常常做不到自己想要的樣子！在很多日子裡，我煩躁不安、沒耐心或迷失在自己的小世界裡。我絕不是模範家長或成人，我陷入律師或獨裁模式的次數，頻繁到連自己都不想承認。但我覺得「自己夠好了」，這個概念讓我們從追求完美中解脫，讓我們每天只要盡力就好，進而啓發孩子也盡力做到最好。從亞力比較全面地進入成年世界以來的母子深夜對談，我發現自己的不完美——加上我承認自己不完美，而他持續看到我在這些挑戰中成長——其實幫助了他培養接納、原諒自己並不完美的能力。

以下提出幾點想法，談談我們可以怎麼幫助孩子在踏進成年生活之前，先學習怎樣做一個有覺知、臨在當下、喜悅的人。當然了，請記住，孩子遲早必須透過人生的砥礪和跌宕，建立自己的資源。

你希望孩子長成怎樣的大人

在忙這本書的時候，我坐在戶外的中庭寫稿，椅子和長沙發散放在店鋪周邊。我瞄到一張舒服的沙發，坐下時才看到椅面上有一層碎屑，一邊的桌上堆放著髒咖啡杯和揉皺的紙巾。一片狼籍！我思忖起留下垃圾的人。他們的父母是否以行動示範了把垃圾留給別人收沒關係？

要把孩子教養成有覺知、適應力強、有慈悲心的成人，涉及許多要素，包括誠實、感恩、負責任……，清單長得很，但這些特質不能只靠言教。如果我們教導孩子，收拾自己造成的髒亂或對人和善很重要，但孩子卻看到我們把杯子和紙巾擺著不收，或在服務生記錯我們的餐點內容時侮辱她，那麼我們的教誨就沒有用。想把孩子養育成我們喜愛且欣賞的人，最低限度是，我們自己得嘗試實踐我們希望孩子具備的特質。

想把孩子養育成我們喜愛且欣賞的人，最低限度是，我們自己得嘗試實踐希望孩子具備的特質。

就如前文所述，我爲個案進行電話輔導時，通常會先問一個問題：「如果你在講完這通電話之後，心裡舒暢了一些，那會是因爲我們做了什麼？我們討論了什麼見解、策略或未了的衝突？想像你在諮商結束時覺得如釋重負或充滿感恩，我們來談談你想處理的事情和你想達成的結果。」我發現這一招，可以有效地讓我們把心放在諮商時最需要達成的目標上。

根據這樣的精神，我要邀請你參與一個練習，以提高你與孩子日常互動時的意圖和覺知。想一想，你要孩子長成怎樣的成熟大人。想像孩子二十五歲、四十五歲或六十五歲。想像孩子身邊圍繞著一群友善的朋友，他們熱切地開創事業，愉快地追求創新，樂在扮演伴侶、配偶或家長的角色。

想想你的孩子具備哪些特質，讓他能夠觸及這令人滿意的豐富生活。你希望在孩子心中注入什麼特質，好讓他每天早上都興致勃勃地起床，迎接新的一天，並且具備撐過失意時所需的適應力？

如果你需要靈感，就想一想你非常欣賞的人，那可以是你實際認識的人，也可以是名人，他們的人生展現了你最重視的特質。這個人在世與否都無妨，甚至可以是虛構人物。

列出這個人所展現的特質。或許你很欣賞他不管遇到誰都很尊重、很體貼，不計較對方的地位或名望。也許他不屈不撓，願意克服障礙，給了你啓發。也許你愛他的能量，因爲他做什麼事都洋溢著喜樂和輕盈的精神。也許跟他互動之後，你對自己或對日常生活的感覺總是會變好。運用這些點子來擬訂你要培養的人格特質清單，好協助孩子在離巢許久之後，過著美好的人生。

種下「孩子，你值得被愛」的種子

一個孩子會成爲什麼樣子，涉及了無限多的變數——性情，基因，得到的教養，他們身體、情感、心理的健康，教育的機會，手足關係，家族的支援網絡。也就是說，沒有任何公式可以保證孩子會變成有覺知、有自信、爲人著想的成人。有很多因

教養孩子，一定要讓他們知道自己生來就值得被愛與快樂，這樣，他們才能夠享受來到面前的美好事物。

素不是我們能控制的。但以下提供的幾個方法，可以影響我們的孩子成爲充實、喜樂的成年人。

記住，我們知道即使是靈性最進化的人，照樣會有嚴重的親子教養問題，甚至就在他們教導追隨者如何增進覺察和慈悲心的時候。沒有任何證書或資歷，能夠確保我們每天都展現出自己最開明的狀態，或是我們將會擁有沒問題的小孩。親職是一天接著一天、一小時接著一小時、一分鐘接著一分鐘的事。

我們接受的撫育，以及我們爲了保護自己柔軟的心而擬訂的那些通常不健康的策略，都會影響我們。每個人都有盲點，不管我們在自己身上下了多少工夫都一樣。但要成長及改變，永遠不嫌遲。就我看過的情況，沒有比養育兒女更能推動我們進化的事了。

當我們思考爲兒女灌輸哪些人格特質很重要，我們或許會說，我們希望兒女有自信且尊重別人，足智多謀且仁慈，有彈性且負責任；這份清單很長，我們會在後文討論其中一些性格特徵。但如果問爲人父母者，最希望孩子爲成年階段預作什麼準備，他們會開始說：「我只要他們快樂。」

有意思的來了。儘管我們可以且應該爲子女培養許多的人格特質，但如果缺少了以下這一項，其餘特質的重要性全部會銳減：我們教養孩子，一定要讓他們知道自己生來就值得被愛與快樂，這樣，他們才能夠享受來到面前的所有美好事物。

我們這個時代擁有空前的消遣娛樂選項：電影、音樂、電玩遊戲、購物中心，當然也有其他的休閒工具，諸如臉書之類的線上世界。除非想像力不好，不然「找樂子」的潛在項目是無限的。

但自殺身亡的青少年和年輕人，卻超過死於癌症、心臟疾病、愛滋病、天生缺陷、中風、肺炎、流行性感冒、慢性肺病的總數[4]。每天，有超過五千四百個七年級到十二年級的年輕人自殺未遂。美國中年人的自殺率暴增，根據疾病控制中心（Centers for Disease Control）統計，從一九九九年到二〇一〇年，三十五歲至六十四歲的美國自殺人口增加了將近百分之三十。

我們的娛樂方式空前的多，爲什麼心情愉快的人卻沒有變多？顯然，兩者兜不攏。除非一個人在內心開闢一塊每天體驗愛與喜樂的空間，否則他會像不沾鍋一樣活在人間，任何試圖要送給他的禮物都碰觸不到他。這有點像擁有一架直升機，卻沒停機坪。我們得協助孩子培養覺得自己值得被愛、值得快樂的能力，他們長大時，才有能力接受各種形式的愛和快樂。協助孩子習慣被愛、享受生命的甜蜜，是我們對孩子

在我們內心開闢接收生命中一切美好事物的空間，是一趟要走一輩子的旅程。

未來幸福能作的最大貢獻。

這不是小事。在我們內心開闢接收生命中一切美好事物的空間，是一趟要走一輩子的旅程。約翰．威爾伍德在精采的《遇見100％的愛》中，寫到了我們每個人內心的核心傷痕——不相信我們天生值得被愛，也不相信我們有權要別人正視並珍惜我們的本來面目。「沒有從心坎底知道自己真的被愛或可以得到愛⑤，會削弱我們自由地付出愛、接收愛的能力。正是這個核心傷痕引發了人際衝突，以及各種常見的人際糾紛：難以信任別人、害怕被利用或被人排擠、因嫉妒而懷恨在心、架設防禦的心牆、需要仰賴爭辯來證明自己是對的、動不動就覺得受傷或被冒犯、責怪別人害我們受苦。我們對於被愛或可以得到愛的不安全感的發作形式，可說不勝枚舉，以上只是舉幾個例子而已。」

---

④夏佛與克勞福特（D. Shaffer and L. Craft），〈青春期自殺防治方法〉（Methods of Adolescent Suicide Prevention），《臨床精神醫學雜誌》（*Journal of Clinical Psychiatry*），第六十期第I卷（一九九九）：七十至七十四頁。

⑤John Welwood, *Perfect Love, Imperfect Relationships: Healing the Wound of the Heart* (Boston: Shambhala, 2006), 4.

因此，給孩子灌輸他們——天生的本來面目——値得被愛的鮮活認知，是我們的挑戰和機會。

一味地滿足孩子的需求，不是好事

沒有哪個父母可以時時刻刻都跟孩子心意相通。我們沒辦法隨時知道孩子的需求，也不是隨時都擠得出精力，以令人滿意的方式回應孩子。我們會心不在焉、緊張焦慮、心情不好。我們的孩子可能特別難纏，他們不合理的要求可能會把我們累壞了。唉，我們只是凡人，吃力地應付我們面對的挑戰，並且注定一次又一次無力滿足孩子的需求。

坦白說，如果我們跟孩子完全契合一致，對孩子根本不是好事。想想看，要是孩子期待別人滿足自己的每個欲望或需求，日後他們長大了，將會對友誼或婚姻抱持什麼樣的期待。英國精神分析師唐諾．威尼科特（Donald Winnicott）說過，只做一個「夠好的母親」很重要，因爲他發現，照顧嬰幼兒的人如果不時地不要滿足他們的需求，讓嬰幼兒自己培養適應力，他們會從中受益。

從嬰兒期開始，兒童便盡力理解這個世界，如此才能在世界上感到安全。他們想

我們應該讓孩子明白，即使我們沒辦法每次都滿足他們的需求、每次都給予他們渴求的肯定，他們照樣是討人喜歡的。

像照顧自己的人永遠不會犯錯，他們相信照顧者有能力滿足他們的需求、保護他們。如果照顧小傢伙的父母對孩子的生理或情感需求，很少提供慈愛且恰當的回應，孩子便不會在心裡想著：「啊，媽咪八成是上班忙了一天太累了。我知道她愛我，她只是累了，不然就是她有還沒解決的情感議題，才會疏遠我。」

孩子會判定媽媽不回應自己的需求，是因爲自己不配，或因爲自己有什麼天生的毛病。這就啓動了一個行爲模式，首先是渴望父母跟他心意相通、會「滿足」他的需求，在希望落空後，則以自己是小孩、自己的需求**不配**得到滿足的信念架構，來排解失望。孩子帶著防衛心走向成年期，不太信得過別人，跟自己的心斷絕連結，因此比較不能接收生命中的所有美好。

他們就像是把鼻尖貼在糖果店櫥窗上的小孩，內心或許渴盼一切令人愉快的事物，卻打從心坎底相信那些是給別人享用的東西，輪不到自己。他可能會責怪妻子、老闆或不公平的人生際遇，不把他渴望擁有的事物送來給他，但實際上即使他夢想的一切都落到他大腿上，他照樣享用不了。

我們應該讓孩子明白，即使我們沒辦法每次都滿足他們的需求、每次都給予他們渴求的肯定，他們照樣是討人喜歡的，他們的本來面目已是獨一無二的傑出。這會灌

當我們在跟孩子相處時能夠臨在當下，孩子便會明白自己值得被愛、得到善待，以及配得生命的無限祝福。

輸他們自己**眞的**值得被愛與幸福的意識，讓他們能夠接受生命爲他們準備的美好事物，而不是養成推開美好事物的習慣。

那要怎麼做？其實不複雜。當我們無法按照孩子的心意陪伴他們，只要承認孩子的失望，就能把傷害減到最低。「你眞的很希望我跟你一起消磨時間，但我又得照顧寶寶了。」「對不起，我心情不好。今天工作很不順利，我大概眞的累壞了。這不是你的錯。」「我們在一起玩得這麼過癮，要去睡覺眞的很難受。」這樣做，孩子比較不會在失望地走開時，相信自己一定是有什麼天生的毛病或不足，才不配得到你的關注。

當我們在跟孩子相處時能夠**臨在當下**，做個**夠好的父母**，孩子便會明白自己值得被愛、得到善待，以及配得生命的無限祝福。這不是要你跟孩子說他們有多棒，也不是要你變成親職的美德楷模——呆板的完美家長，從不發脾氣，也不會希望自己能逃離育兒生涯的雞飛狗跳和狂亂；而是指經由我們和孩子相處的整體品質，讓孩子明白自己有多寶貴。如此，他們會像長年擔任達賴喇嘛英文譯者的圖登·金巴所說的一樣，養成「自我喜愛，或者說是從容不迫的平靜」⑥。

後面的章節會建議一些做法，教大家支持孩子成功面對人生，而且是徹底成功。

屬於你的練習

你希望培養孩子哪些特質？你自己擁有這些特質嗎？

想一想，你想要鼓勵孩子培養的特質，譬如：尊重、誠實、負責任等等。

在這些特質中，有哪些你自己已經是榜樣了？也就是說，有哪些特質已經融入你的生活方式了？

在你想協助孩子培養的特質中，有哪些是你希望自己也同時培養的呢？也就是說，你有心將哪些特質納入生活中，即使你還不能自然地做到那些特質？

---

⑥ Thupten Jinpa, *A Fearless Heart: How the Courage to Be Compassionate Can Transform Our Lives* (New York: Hudson Street Press, 2015).

第五章

成爲孩子自愛與自覺的典範

只要有機會，就慈悲一點。

機會總是存在的。

——達賴喇嘛

每次，我問父母們最希望孩子擁有什麼樣的人格特質，最常聽到的答案之一是「尊重別人」。我們都知道，尊重他人是待人處世的必要能力。但我們有時會忘了，想要眞正尊重別人，我們得先尊重自己。這話聽起來平淡無奇，或許還有點老套，但我相信，眞實的自尊自重（不是由小我驅策、跺著腳說「你們一定要聽我說！」的行爲）並不容易培養。第一步是享受與自己相處，包括和善地照顧自己，信任自己的直覺，追求令我們的人生有意義的事物。唯有如此，我們在溝通、發揮同理心、處理歧見、實踐協議時，才能眞正尊重別人。

孩子需要眞實生活的體驗

維吉尼亞大學心理學教授提摩西．威爾森（Timothy Wilson），在二〇一四年做過一連串實驗，邀請大學生獨自坐在一個房間裡，不受外境干擾，跟自己的思緒共處。實驗只請他們坐下六至十五分鐘，不可以睡著。在其中一個實驗裡，參與者先受到輕微的燈光、靜電電擊，然後才進入房間，在裡面靜靜地坐著。在受到電擊後，幾乎每個受試者都回報那種感覺很討厭，情願付五元，也不要再被電一次。

但在其中一次實驗，受試者在被電過一次及獨自坐在房間裡六至十五分鐘後，有百分之六十七的男性和百分之二十五的女性，要求如果再被電一次就能離開房間，那他們願意再次接受電擊，也不要撐完「思考時間」。他們覺得被電，比獨自坐上六到十五分鐘的前景好。天啊！

幾年前，我駕駛朋友的家庭休旅車，送他們家的三歲小朋友回家。引擎發動時，她在看的影片便開始播放。我很訝異，但沒說什麼。在我的年代（這個講法，讓我的年紀聽起來比實際上老很多），讓兒子在我們開車時盯著螢幕的做法，會很荒謬。窗外有那麼多東西可看，怎麼還會想看螢幕呢？可是當這個小女孩的影片結束時，她立刻開始哭。「換一支片子！我要看別的影片！」我提議她看看車窗外經過的車輛或人，說不定會很好玩。她堅決不肯。可憐啊！不過才三歲，就被調教得需要電子刺激才能忍受車程。

多數家長承認，如果讓孩子全權作主，孩子絕不會關掉電子產品。智慧型手機、電腦、平板電腦、平板手機問世，令父母很不確定應該允許孩子使用這些電子產品多少時間，孩子才會跟得上現代世界的潮流，又不跨越使用過度的界線。（坦白說，這讓父母不斷想著應該輪到自己用那些東西才對！）

孩子需要玩耍。他們需要的是用手指頭畫顏料的黏糊糊觸感，而不是手指滑過觸

孩子需要玩耍，他們需要的是用手指頭畫顏料的黏糊糊觸感，而不是手指滑過觸控板後，色彩便神奇地出現在螢幕上的乾淨體驗。

控板後，色彩便神奇地出現在螢幕上的乾淨體驗。他們需要挖土，玩得全身髒兮兮。他們需要澕啦啦地玩個濕漉漉。他們需要製作音樂和爬樹。他們需要漫無目的地從一個房間晃到下一個房間，沒有預先設計好的活動來占據他們的心思。

在斯堪地那維亞，森林學校的建校信念是讓孩子從做中學，且待在戶外的學習效果最好。幼兒園的孩子在學校的兩個半小時，全程都待在戶外。我聽說，除非氣溫降到華氏二十度（攝氏零下六．七度）以下，不然連在北極圈的森林學校學生也都在戶外玩耍和學習，頭上還戴著礦工的燈具呢！

每次孩子一埋怨「沒事做」，大人就立刻請出電子保母，當孩子長大了，就成了不能跟自己的思緒相處超過十五分鐘的大人。丹尼爾．席格博士在《喜悅的腦》一書中說道：

> 科技文化的忙碌生活形式占據我們的心思⑦，以致我們經常拚命地一心多用，總是在做事，沒有喘息的空間可以單純地活著。適應這種生活方式的年輕人，往往習慣於對注意力的高強度刺激，從一個活動飛快跳到另一個活動，無暇自省或從事直接與人面對面的人際互動，而大腦

需要這一類的活動才能健全發展。在我們如今繁忙的生活中，很少有與人和諧相處的機會。

這倒不是說應該禁止孩子看電視、玩電腦。我不是在倡導我們要養育出反對機械自動化的新生代。數位時代爲我們的生活帶來數不清的好處，但鑑於電子用品提供無限的刺激，也可能有完全「兒童不宜」的內容，因此，我們務必及早跟孩子討論電子產品的使用方式，如此一來，他們在進入青少年的獨立階段、較不受我們影響時，就可以作出明智的取捨。孩子和我們一樣，必須在電子生活與非電子生活之間，找到平衡點。我們一邊談，我會一邊分享如何應付尋求平衡的艱難任務。

愛蓮娜的教養功課：按下孩子3C產品的關閉鍵

有一天，一位母親跟她十二歲的兒子在我的諮商室裡，激烈地爭辯兒子可以用多

---

⑦ Daniel J. Siegel, *The Mindful Brain: Reflection and Attunement in the Cultivation of Well-Being* (New York: Norton, 2007), 4.

久的電子產品。愛蓮娜埋怨除非她威脅要沒收，否則兒子絕不肯放下 iPad。「他把家事擺著沒做，寫功課拖拖拉拉，也不會嚮往要出門去玩。」她表示，最棘手的時段是她做晚飯時，克里斯多夫通常會用這台或那台電子產品，而她人在廚房裡走不開，因此不太能貫徹使用時數的禁令。克里斯則說媽媽實在太嚴格了。「她比我朋友們的爸媽嚴格很多。他們玩 iPad，一玩都玩好幾個小時！」我由著他大吐苦水，這樣他才聽得進我的話。「家裡都沒有好玩的東西。我的功課都會寫完啊。我看不出她爲什麼不讓我打遊戲。我又沒有礙到誰！」

我沒有硬逼著克里斯接受傳統遊戲的優點，也不去說服他一直到最近，小孩才有 iPad 或電腦可以玩，童年卻照樣很愉快。我請這對母子和我一起觀想。

「閉上眼睛，想像我們三人坐在跟現在一模一樣的位子上，但時間是一萬年前。沒有建築或家具，沒有車也沒有電力。克里斯，想像你媽媽在火邊和部落的其他婦女一起工作，準備晚餐，可能是在研磨種子，或扔進一些你稍早跟她一起採回來的植物。現在，克里斯多夫，我要你想像自己在這個場景裡，你是部落裡的年輕人。你在做什麼呢？看見自己就在那裡，想像你在等待晚飯準備好的時候，會做些什麼事。」

我讓他靜靜想一會兒，然後請他們兩人睜開眼睛。

「克里斯，你在沒有任何電子產品的年代，做了什麼事？」他說，他想像自己跟其他男生跑來跑去、建造東西、爬樹。愛蓮娜插嘴進來，說她想像兒子在幫忙男人準備下次狩獵的武器或建造小屋，那些男人的年紀並沒有比他大很多。

克里斯笑著跟我們談論那個年代的生活。「但願現在可以過那種生活！好酷！」我想到這年頭的孩子，日子實際上有多難捱，探索大自然或在野地消磨時間的機會，都變得很稀罕了。

這就是我對愛蓮娜說的話，我請她從兒子的角度來審視兒子的處境。「現在的生活不一樣了。當你不能在大自然裡漫遊，你就很難抗拒打開電子產品的誘惑。」克里斯的媽媽點頭，承認他們日常生活的諸多限制，包括他們住在繁忙的市街上，隨意走得太遠並不安全。

「克里斯，你能不能列出一份清單，想出至少十件不必動用電力，你就能玩得好玩的事情？」他媽媽熱心地幫忙出點子，他很訝異自己三兩下就有了想法。愛蓮娜答應協助他實現清單中的一些活動，諸如準備雕刻香皂的材料，或在他們家院子蓋一間小碉堡。感覺上，克里斯和媽媽在諮商結束時變得比較像盟友，而不是敵人。

這個練習不會根除克里斯多夫對 iPad 和電玩遊戲的熱愛，但的確能協助他找出在母親要求他關閉電源時，還可以做什麼。這件事大概會一直令人頭痛下去，因爲就跟克里斯多夫說的一樣，他大部分的朋友受到的限制較少，而他想跟上朋友的上網文化。然而一旦愛蓮娜闡明立場，再花一點時間提供有趣的替代活動，協商就減少了。

讓孩子活在眞實而非數位的世界裡

很多父母認爲允許孩子自由使用數位裝置很合理，因爲他們相信若不這樣的話，孩子在科技人才吃香喝辣又競爭激烈的世界裡，將會屈居人後。尼克・比爾頓在〈史提夫・賈伯斯是低科技家長〉一文裡⑧，一開始便提出他在最早的平板電腦上市時，問過賈伯斯的問題：「你的小孩一定愛死 iPad 了吧？」賈伯斯怎麼回答呢？「他們還沒用過……我們限制小孩在家裡使用科技產品的時間。」比爾頓問過《賈伯斯傳》作者華特・艾薩克森（Walter Isaacson），艾薩克森在賈伯斯家裡待過很長的時間，他說：「每天晚上，史提夫一定在他們廚房的大長桌吃晚飯，討論書籍、歷史和各種主題。從來都沒有人拿出 iPad 或電腦。」

《連線》雜誌前任編輯、3D Robotics 公司執行長克里斯・安德森（Chris Anderson）家裡的所有電子產品，不但設有時間限制，還加裝家長監護軟體。「孩子們指責我和我太太獨裁、對科技瞎操心，他們還說朋友家都沒有這種規矩。」他說的是他的五個孩子，年齡從六歲到十七歲不等。「那是因為我們親眼見識過科技的危險。我自己也有親身體驗。我不想看到孩子們踏上後塵。」大原則是？「房間裡不可以有螢幕。就這樣。絕對不准。」

我們訂立明確的規矩，小孩就會遵從。他們或許會試探一下，看能不能得寸進尺，可是電源一旦關閉，他們就會去找別的樂子。自古以來的小孩都是這樣的。

幾年前我在西非的時候，很好奇當地人如何使用社交媒體。我問了一些十六歲到二十四歲的人，如果他們的朋友和他們共處一室，來找他們玩，他們會不會想用電腦，也許上個臉書之類的。他們全都取笑這個點子。「那太好笑了！如果我朋友就在旁邊，我幹嘛還用電腦跟朋友說話？」但在許多家庭裡，孩子就是這樣跟朋友交際——傳訊息、聊天、自拍，或是給對方看眼前螢幕上的貼文和影片，而不是單純地享受彼此的陪伴。

---

⑧ Nick Bilton, "Steve Jobs Was a Low-Tech Parent"，《紐約時報》，二〇一四年九月十日，http://www.nytimes.com/2014/09/11/fashion/steve-jobs-apple-was-a-low-tech-parent.html?_r=0

脫口秀明星路易．C．K（Louis C. K.）做過一個爆笑的段子，諷刺我們對電子產品逐漸加重的癮頭，戲謔家長們不再眞正地、認眞地觀賞小孩的音樂獨奏，而是鄭重其事地將手機舉在面前，錄下孩子的表演，再張貼在臉書或 YouTube 上。說眞的，這些影片根本沒人想看。

當我們因爲怕孩子鬧脾氣，或是忙著執行自己的義務而感到愧疚，於是不訂立界限，我們便是把孩子扔進數位世界的黑洞裡。孩子需要在眞實世界裡生活，我們有責任確保孩子待在眞實世界裡。

數位產品並沒有一體適用的使用規範。也許有時你身體不適，於是你的小孩一連看了好幾集《海綿寶寶》。你可能會讓小孩用你的 iPad 玩「教育類遊戲」，你則泡澡泡個痛快。問題始於我們拋棄直覺，基於恐懼或罪惡感來管教小孩。

父母要先能自在享受獨處的快樂

當然，要討論怎樣教養出能夠自在獨處的孩子，還有一件必須討論的事——我們必須向孩子示範那是什麼樣子。多數人整天馬不停蹄，難得停下來坐著吃頓飯，更別提凝視窗外或做白日夢。嗶嗶、叮叮、滴滴、鈴鈴，我們對電子裝置的通知音效養成

> 如果我們沒有幫助孩子學會如何獨處，他們永遠都會寂寞。

制約反應，通知音效一響，往往就立刻拋下我們正在做的任何事（或許也包括給孩子幾分鐘全心全意的陪伴）。

如果我們自己都不以身作則，又如何邀請孩子多多投入眞實世界，或是看著雲兒飄過天際？

在《享樂：擁抱幸福的10道心靈快樂餐》中，瑪莎．貝克說，每天要停止外在活動至少十五分鐘。「（問題在於）一直做東做西⑨，從不跟我們的存在核心連線，形同把一艘大船上的全部導航儀器都扔進火爐，充當燃料。」她又說：「你眞實自我的聲音既微小又安靜，幾乎只要稍微分心，就會淹沒它的聲音，尤其如果你才剛開始聽見它的話。你不挪出時間什麼都不做，並且奮力捍衛這些時間，你就不可能培養出傾聽的能力。」（關於這部分的練習，請見第十一章的引導。）

享受跟自己作伴、擺脫外來的刺激，對我們的快樂是必要條件。如果我們沒有幫助孩子學會如何獨處，他們永遠都會寂寞。只有在我們能眞心接受自己的本來面目時，我們才能吸引並維持健康的人際關係。

---

⑨ Martha Beck, *The Joy Diet: 10 Daily Practices for a Happier Life* (New York: Crown, 2008), 9.

很多人跟內心深知不適合的對象結爲伴侶，只因爲他們對獨處感到不自在。但僅僅是有另一個人在身邊，並不能平息寂寞。我有很多已婚的個案，即使夜夜與妻子或丈夫同床共眠，卻常說孤立的感覺令他們深感絕望。追逐另一個人來填補內心的空虛，只會造成不同的問題，卻解決不了問題。

如果希望孩子不必依賴外物或別人來淹沒自己不滿足的心聲而能感到快樂，你就得不時拔掉家裡電子設備的電源，**什麼都不做**。當你重新認識自己、認識彼此，重拾早在數位世界來臨前，人類享受生命的簡單快樂方式，看看會發生什麼事。

帶領孩子一起欣賞、尊重、感謝身體

我常常跟自己的身體說話，有時還會說出聲音。

我不常跟人說這件事（卻寫進一本我希望有廣大讀者的書裡，實在有點妙）。總之，眞相是，我很重視對身體、對那許多神奇的身體部位說出關愛的話語，我認爲這是值得分享的觀念。

「胃，謝謝你，你把那一餐飯食消化得很好。」「眼睛，謝謝你們，今天你們讓我看到那些花的顏色，你們的表現太棒了！」「心臟，謝謝你，你的跳動是那麼可靠，讓我維持血液循環。你眞了不起！」「腿，謝謝你們，你們順暢地把我送到各個地方……謝謝你們，耳朵，謝謝你，肝臟……骨骼……膝蓋……牙齒……」這場與身體的愛之饗宴，可持續好一段時間。幾乎每次說到最後，我的心都軟到要融化了。

幾乎每個人都把身體視爲理所當然，一旦身體損壞，就凶惡地對待身體，埋怨它沒達成我們的要求。還有我們厭惡的身體特徵——我們希望有豐滿一點的雙唇，還希望有好看一點的鼻子。如果你想一想我們是如何無情地批判自己的肉體容器，而得不到感謝的身體依然勤奮工作，肉體系統竟然還可以運轉，根本就是奇蹟。要是我們把經常鄙夷身體的那副嘴臉拿來對待員工，員工絕對會離職，反觀我們的身體卻照樣全力履行它的責任。

幾年前我參加一個工作坊，我們都領到挖了兩個眼洞的紙袋。我們得把紙袋帶回旅館房間，褪下全身衣物，站在鏡子前，把紙袋套在頭上。我們的功課是隔著眼洞審視自己全身的部位，留意當我們檢視自己時，腦子裡浮現了什麼批評。這份作業眞的很奇怪。

然而，這個體驗改變了我的生命。我先聚焦在所有不喜歡的部位——太大或太小、太軟或太皺的部位。但這個練習做到進入狀況後，我的心境近乎神聖。我從注意

當孩子看到你認同身體的奧妙，而不埋怨你不喜歡的部位，他們也會以尊重、照護、感恩的態度看待自己的身體。

到自己對身體每個部位的嚴厲批判，轉而省悟到可以擁有這副身軀，是何等的大禮。身體何其完美，現狀就很完美。

我將下垂的肚子看作是有幸成爲母親的證明。我回想起微微發抖的膝蓋撐過痠痛，把我送到山頂。我回想起手臂如何攬著我心愛的人。等我看到雙腳時，內心已經洋溢著感恩……以及懊悔。這雙腳啊！孜孜不倦地承載我度過數十年的人生，卻幾乎從未得到過一聲謝謝。我對自己得到的這副載具，興起一波又一波的感謝，這是一份非凡的禮物，而我一直以來卻沒完沒了地批評它爲什麼不是別的樣子、爲什麼沒有更好。

做完練習後，我們聚在一起給身體寫信，然後聽大家說出對身體的悔悟、感恩、慚愧。身體是我們每個人賴以安身立命的、神奇的身心載具啊！滿室鴉雀無聲。一位坐輪椅的男士斷斷續續地痛哭，描述他多年來對身體講的可怕言語，認定身體在許多方面都辜負了他，令他氣憤不已。一位過重的女士說出自己在身體上施加不健康的習慣，因而把愛和情人通通趕跑。房間裡盈滿了感恩的低喃。那只是一個週末工作坊的練習，卻喚醒了幸好仍留在我內心的某個東西。

感謝你的身體部位爲你服務，讓你可以跳舞、歌唱、進食、觀看、嗅聞、碰觸、攀爬。當孩子看到你認同身體的奧妙，而不埋怨你不喜歡的部位，他們以尊重、照護、感恩的態度看待自己有著各種缺點的身體的機率，將會大大增加。

別累壞了，爲自己建立互助支援社群

不時地會有一位身心俱疲的母親，在我諮商室的長沙發上噗通坐下，看起來就像貓咪拖回屋子裡的玩意兒。我很快便發現她一直在硬撐。她一夜要是能睡上五小時就謝天謝地了，她的睡眠常被一個小孩打斷，小孩會爬到她床上翻來覆去，不得安寧，恬靜的睡眠如今是她只能夢想的事。至於用餐，她會趁著在廚房忙得團團轉時，吃一點小孩沒吃完的食物，卻從不坐下來吃一頓像樣的餐點。我問她上次看書是什麼時候，她笑了，她想不起跟伴侶以外的成人聊有意義的話題是什麼滋味，而她和伴侶討論的話題則是……小孩。

當這一型的個案走進我的諮商室，沒幾分鐘就會被我請出去，我這套做法是出了名的。我會請她執行我的指示至少一週，才可以回來諮商。「我要你在注意到自己渴了的那一分鐘就喝水，在你察覺自己餓了的幾分鐘內吃點營養的食物，而且要坐著吃，一有尿意就去上廁所（很多人習慣憋到受不了才去），你覺得累的時候，就抬起腳，閉著眼睛休息，即使只有三分鐘時間。」

我的個案通常會以爲我在開玩笑，緊張地笑一下。但她很快就會明白我是認眞的。我告訴她：「在你開始學會照顧自己之前，不管我們做什麼跟你的孩子或家庭有關的練習，一概沒用。」

說眞的，我不常出此下策；我輔導的家長多數都有疏於照顧自己的地方，但我這裡說的是極端的案例。當我遇到完全不打算照顧個人身心的父母（沒錯，通常是女性），我會打發他們回家。（其實，有時我會叫他們離開，在車上休息一下，反正至少在他們跟我預約諮商的時間裡，都有人照顧他們的孩子！）我要他們明白，他們如果不改變自己的心態和行爲，開始滿足個人最基本的需求，就沒辦法在孩子面前扛起船長的擔子。

只憑著一人或兩人之力擔任父母，即使沒有筋疲力盡，也不可能不疲於應付。我們不該只憑一己之力養育孩子，我們應該動員整個部族或社群。布咪．拉迪丹在她優美的文章〈我想念村莊〉裡寫道：

> 我們之中若是誰病了或被小孩折騰了一夜、需要額外的休息⑩，我

們就會趕來幫你帶小孩，視如己出，直到你不需協助爲止——甚至不用你開口。你可以完全放心，好好睡一場療癒的覺。我們要你恢復健康，因爲我們知道就算自己再強壯，也不會超過我們最虛弱的成員。不只如此，我們愛你，不是寫寫慰問卡片的多愁善感的愛，而是因爲完全明白你的色彩令我們全體的色彩組合更漂亮，而對你生出的感激之愛……我想念那個我無緣體驗的整村子母親們。那個我們爲了這個鄰居近在咫尺、彼此卻像隔了幾哩路的家園，而割捨的村莊。那個我們爲了這個前門要上鎖、有閃爍警示裝置、午後獨自在地板上跟家裡的小傢伙一對一玩耍的家園，而割捨的村莊。

父母們，建立自己的部族或社群吧！這不但是維持你神智正常和健康的必要條件，也是教養出一個有自信、有覺知、關懷別人的成人的必要元素。要由一位或兩位

⑩ Bunmi Laditan, "I Miss the Village,"，《哈芬登郵報》，二〇一四年七月二十四日，http://www.huffingtonpost.com/bunmi-laditan/i-miss-the-village_b_5585677.html。

要由一位或兩位家長獨力養育一個孩子，簡直不可能辦到。我們需要後盾，也需要獨處時間。

家長獨力養育一個孩子，簡直不可能辦到。我們需要後盾，也需要獨處時間。當我們的孩子不容易養育，我們務必要得到額外的指引、支援和單純的——喘息。我認識的一位癌症婦女說：「如果你照應我的孩子，你就是在照應我。」拜託各位，拓展你的人際網絡。

我們的部族或社群除了可以讓父母們得到後援和忠誠的情誼，對於讓孩子與其他可靠的成人建立健康的依附關係，也十分重要。在我們造訪的一個坦尚尼亞部落裡，想尋求慰藉或想要抱抱的小傢伙們，會去找離自己最近的一位母親，直接抱住她的腿。那裡婦女的笑聲安逸輕鬆。孩童隨意閒逛，大孩子、小孩子都混在一塊。我曾在紐西蘭一間鄉村的小型學校待了一段時間，孩子們光著腳丫踢美式足球——五歲和十三歲的小孩快樂地一起滿場飛滾。「他們一定得合得來才行。」校長告訴我。「他們只有彼此了。」

覺得自己是社區一分子的小孩，長大後會覺得自己有精神支柱。我鼓勵各位找到一群志同道合的父母，而且他們孩子的年齡要跟你的孩子差不多。策畫一些可一起消磨時光的方式，成為養兒育女的朋友兼夥伴，給彼此支援、喘息、重新充電的時間。

父母請優先善待自己、愛自己

要談自我照顧，就不能不談談我們在私密的思緒中如何跟自己說話。身為治療師，我可以一窺別人未經刪節的自我對話。請容我告訴各位，那些對話並不動聽。「你什麼都做不好！」「你胖死了！」「誰要愛你啊？」我常常問個案，如果朋友按照他們偶爾會出現的自我對話方式跟他們說話，他們會怎麼反應。「如果他們對你說出你跟自己講的那種話，你會讓這個人留在你生命裡多久？」通常，他們會立刻回答，「要是誰那樣跟我說話，我才不會跟他們往來！」然而，我們卻對自己那麼冷酷無情。

我經常主持線上課程，第一堂課通常是為我們即將共同進行的主題鋪路，提醒上課的父母們，當他們學了新做法以後，假如他們沒有做到，可能會想要自我批判，或是想要大吼大叫，或是威脅。我告訴學生們：「當我們的言行舉止跟我們立志要做的那種父母不一樣時，心裡不舒服沒什麼不對。如果你伸手去摸熱的爐子，你的手最好會痛。因此，暫時地『哎呀！我不喜歡剛才做的事』是有價值的。當我們責怪自己，我們才會出問題，或許我們會在腦子裡複製爸媽或老師辱罵我們的聲音。那種殺傷力其實很大，因為當我們覺得羞恥，我們就會起戒心，往往就更凶暴地將情緒發洩在孩子身上，重複惡性的循環。」

我在爲葛倫儂·梅爾頓（Glennon Melton）的 Momastery 群組主講一個分爲三部分的線上課程期間，收到這封電子郵件。

看完網路工作坊第二部分那一天，我先生和我收到市政府寄來的信，說我們前院的雜草太高，必須修剪。幾年前我們買下這棟房子時，屋況就是這樣了，那時我們打算自己整修前院，可是我們搬進來時，我懷孕七個月，還有一個兩歲的孩子。儘管如此，這件事一直是我心裡的疙瘩。在我們住的這一區，家家户户都有完美的前院，而我這輩子，我父親總是非常注重外在的形象，特別是住家。他的聲音老是在我腦子裡迴盪，說我的院子不堪入目，有時我甚至會聽到他本人的聲音告訴我，我家院子很可怕。

總之，拆開那封信以後，我完全陷入恐慌模式。最後，我坐在廚房地板上，頭埋在膝蓋之間，都快哭出來了，恐慌症瀕臨全面爆發。然後我把這個網路工作坊教過的東西通通搬出來，用在自己身上。

我開始說出我腦子裡的那些說法：「鄰居一定很討厭我。」「我知道他們在閃避我們；他們一定在埋怨我們。」「他們一定覺得我很懶……嗯，我眞的很懶。看一眼我家的前院就曉得了。」「要是爸爸知道了，他會說：『我說的沒錯吧。』」

聽了這些我跟自己講的說法，我決定說出實話：「我是兩個稚齡孩子的媽媽，我眞的很忙。」「我先生和我都有全職工作。」「現在要以孩子們爲重，光是照顧他們，時間就不夠用了。」然後我稱讚自己，並且哭了出來。

寫這些是爲了說聲「謝謝你」！以前，我眞的不了解腦子裡的聲音有多厲害。我是一個人、一個母親，而我在摧毀自己。從我有記憶以來，我就不愛自己，沒有自信，因爲我腦子裡的聲音是那麼清楚、那麼負面。現在，我有了改變的祕訣，我好興奮！

昨天晚上，我躺在四歲女兒的床上，她不停地親吻我，因爲我在跟她說我愛她的全部原因（不是基於她的表現）。我察覺到她的睡眠品質變了很多。謝謝你們倆教我擁抱自己「亂糟糟的美麗人生」。

連達賴喇嘛對他的耐心夠不夠教養兒女都沒把握，想來，我們都可以對自己的缺點釋懷一點了。

看完這位女士的電子郵件，我靜靜坐了大半天，內心充滿感動和鼓舞。她的故事就是我的故事，也是你的故事，是每個走上療癒之路的人的故事。人類精神之美眞的令我讚歎。

不久前，我訪問達賴喇嘛的主要譯者圖登・金巴。我問金巴，達賴尊者談過親子教養沒有。他的回答令我吃驚。「尊者他啊，是我見過最慈悲的人。他說：『當我思忖著親子教養的事，有時我會想，假如我是一個家長，我會有那樣的耐心嗎？』」

天啊！連達賴喇嘛對他的耐心夠不夠教養兒女都沒把握，想來，我們都可以對自己的缺點釋懷一點了。只有在我們慈悲地接受自己，包容自己的種種缺點，我們才能從跌跌撞撞的育兒經驗裡，進一步成長。

我想，不論是身爲人母，或是身爲一個致力不斷成長的人，我最大的轉變之一，就是跟我的不完美和解。除非我們如實接受、欣賞、愛全部的自己——身、心、靈——否則根本沒辦法請求別人善待我們。如果我們要孩子自信、自愛地進入成年期，我們就得爲他們示範那種狀態。

前文討論過幫助孩子明白自己值得被愛、被尊重的一些方法。最後一個方法是鼓勵他們明智地選擇朋友，剔除對他們不尊重、不客氣的朋友。

在人際關係中維持健康的界線

今天早上我打開水龍頭，要在浴室的洗臉檯放熱水。等到水應該變熱以後，我試了水溫。溫溫的。我讓水繼續流上一會兒，又試一次。仍然不熱。我讓水繼續流。哪裡出了問題？最後我才發現，我無意間打開了兩個水龍頭，於是冷、熱水一起流。只要冷水和熱水混在一起，水永遠不會熱。

這讓我想到自己的人際關係，想到我一向很難接受我生活中那些人的**眞貌**，並據此調整我對他們的期待。就像因爲摻雜了冷水而不會變熱的水一樣，有些人會因爲我們可能一輩子都無法理解的原因，而永遠不會符合我們對他們的期待——關係裡摻雜到別的東西了；冷水是打開的。

當我們愛上了對我們無益的人，可能很難接受這段關係或許不能長久。也許是女方不老實，也許是男方會凌辱人。在有些案例中，我們會深深愛上對我們危害極大的人，不論那是蓄意的危害，或是因爲他的心也受過傷。

有很多次，我看到孩子追逐不時拋出一點甜頭的朋友，但大致上，這些朋友對他們很惡劣。瑞秋．西蒙（Rachel Simmons）在《爲什麼她們都不跟我玩？》中，談到少女霸凌對四十歲以上女性的終生影響。在我的人生中，我愛的人曾令我痛苦不已，最後我不得不接受自己不能讓他們留在我的生命裡。

但如果要幫助孩子在成年歲月裡維持慈愛、滋養的人際關係，就務必要教導他們對別人的愛不應該會傷人，放手讓一個會傷害他們靈魂的人離去，眞的不會死。

我們也需要協助孩子了解自己救不了任何人。我相信我們有責任在能力所及的時候，設法爲受苦的人減輕痛苦，但當孩子試圖解救落難的朋友，下場通常很淒慘。孩子本來就不該擔任救星，也不該巴望他們照顧朋友、父母或手足，即使拯救別人的感覺痛快極了。如果我們讓孩子相信自己必須療癒周遭的人，不論那要付出什麼個人代價，我們就是讓孩子踏上了取悅別人的痛苦道路，而那樣的傷害可能要長年累月才能平復。有一句話說出了這個概念的神髓：「如果你看到有人溺水，就伸出援手，把他從水裡拉回來。如果他抓住你的手臂，想把你拖下水，你要用盡全力推開他。」

幫助孩子建立健康的人際界線——一條反映他們自尊自重、自我價值的界線。要是孩子結交損友，跟孩子一起討論與損友的關係所帶來的全部益處，是否超過了付出的代價。如果孩子認清自己値得更好的待遇，父母可以協助他們爲失去的友誼哀悼——因爲結束一段對我們具有某些價值的人際關係，是很大的損失——好讓孩子可以向前走。

教導孩子覺察情緒，聆聽直覺，斷然說「不」

安全防衛專家蓋文．德．貝克在《預知暴力：如何讓您的孩子免受侵害》中，分享了許多犯罪案例，裡面的受害者雖然覺得有危險，卻不理會自己的直覺。德．貝克相信我們一定要聽從直覺的訊息，遲疑、懷疑、甩不掉的念頭、縈迴不去的感覺，都是直覺傳遞訊息的形式。他說明直覺的終極訊息是最難忽略的：恐懼。「但大家連這個訊息也想壓制下去⑪。有些人會告訴自己：『冷靜、冷靜，應該沒什麼大不了』，卻不肯好好聽一下本能的救命訊號。」他又說：「其實，intuition（直覺）的字根 *tueri*，就是守衛、保護的意思。」

想要培養出有自信的孩子，就得鼓勵他們聆聽內在的智慧，信任直覺的預感。人體是校準相當精密的儀器，可以協助我們發掘沮喪的源頭，警告我們情況不太對勁，或告誡我們潛在的危險。掌心冒汗、胃部翻攪、後頸緊繃、心跳加速，都可能表示苗頭不對。別人散發的能量可能令我們不自在，或者我們可能發現表面上沒有異狀，但

---

⑪ Gavin de Becker, *Protecting the Gift: Keeping Children and Teenagers Safe* (and Parents Sane) (New York: Dell, 1999), 26.

個人界線受到尊重的孩子，在跟同儕畫出適當的界線時，也會自在得多。請教導孩子，「不要」是一個完整的句子。

其實並不安全，即使一切看似「正常」。當然，眞相恰恰相反：也許有個衣衫不整的人，或狀況跟我們預期的不同，卻完全沒問題。直覺協助我們判斷是天下太平，或我們可能有危險。

告訴孩子以下的事實：潛意識會蒐集並篩選極大量的資訊來輔助我們作決定，我們不應該忽略確切的事實情報，但學會如何解讀直覺訊號、信任直覺，會讓我們獲益匪淺。

如果你的女兒因爲朋友的事而不開心，你或許可以建議：「親愛的，你先靜一靜，看你能不能跟直覺接上線。你覺得怎麼處理伊莉莎白和東尼的事情最好？你覺得你們的關係健康嗎？你跟他們見完面以後，是開心的嗎？」你可以提供一些自己的想法，協助女兒思考，同時請她靜下來，觀察她的身體在你說出每一個想法時的反應。

身體會告訴我們何時應該信任、敞開或防衛。個人界線受到尊重的孩子，在跟同儕畫出適當的界線時，也會自在得多。請教導孩子，「不要」是一個完整的句子。利用角色扮演模擬一些情境，讓孩子練習在突發狀況下尊重自己的直覺感受。例如，別人請他們喝啤酒，但他們覺得自己還沒準備好嘗試；或別人要和她們發生性關係，但她們不想要。

「影響力訓練」（Impact Training）是青少女和女性的優良訓練課程，可幫助她們走出必須和善、必須助人的社會約束，鼓勵她們有力地拒絕別人。他們也爲男女學童提供訓練課程，我非常推薦。

我教導孩子聆聽情緒的幽微訊息的其中一個辦法，是請他們用顏色描述自己的感覺。「如果紅色是生氣、黑色是難過、橘色是快樂等等，你現在的感覺是什麼顏色？」艾琳．史妮爾在《像青蛙坐定：給孩童的正念練習》中教導孩子接觸自己情緒狀態的方法，是請他們說出自己的個人天氣報告。「你身體裡面現在的天氣如何？是出太陽，還是颳風下雨？」[12]（詳見第十一章的引導練習）

應該讓孩子明白自己有各種感受，包括生氣，都是正常的。在手邊準備一支輕盈的中空塑膠棒或沙包，讓孩子知道當身體感受到怒氣，他們可以用安全、可接受的方式表達出來。孩子能覺察身體在當下的情緒、不予以壓抑，對他們是好事。很多人壓抑情緒，是因爲父母叫我們不可以害怕、或傷心、或生氣。

---

⑫ Eline Snel, *Sitting Still Like a Frog: Mindfulness Exercises for Kids* (and Their Parents) (Boston: Shambhala, 2013), 54.

每個人天生就有配備了各種資源的內在工具箱，供我們用上一輩子。幫助孩子學會信任內建的直覺指南針，有助他們閃避麻煩，迎向有益的機會。

培養興趣，懷抱熱忱過生活

十六歲時，我放學後在一家日託中心打工。一天，四歲的茹比來了。她們一家人剛從印度搬到堪薩斯市，她半個英文字都不會。

我心想，如果跟她的父母學幾個印度詞彙，或許會派上用場，這樣就能問小茹比是不是餓了或要上洗手間。我的印度語課一開始，我內心某個東西就開心得蹦蹦跳。我愛上了這個語言。我簡直對我們的語言課狼吞虎嚥，不希望我們的課堂結束。身爲一九七〇年代住在堪薩斯的十六歲女孩，想學這種「異國」語言，實在沒有選擇可言，只能仰賴茹比慷慨的父母，他們有空就會教我。我的求學之心太渴切了，於是我開始打電話到全美各地，最後發現賓州大學有印度語系。我訂購他們的教科書，迫不及待地等著收件。

我拿到課本就立刻熱切地研讀起來。因爲沒有老師，我把課本習題當成作業，利用附在課本後面的解答批改。我貪婪地念完教材，十七歲搬到紐約後，就到二手書店尋找字典和寫作入門。能讓我操練印度語的素材通通啃完後，我就翻電話簿找姓「辛」（Singh）的人，打電話，然後以印度語問他們能不能跟我聊天！

對於我近乎著魔的印度語學習熱忱，我想最貼切的說法是，我喜歡印度語在我嘴裡的味道。每次念印度語，我都快樂無比，學習熱忱根本不可能消退。

一個堪薩斯的青少女熱情地想學習世界另一端的人的語言，這沒道理。但學習印度語爲我打開大門，至今持續爲我的生命增添極爲特殊的收穫。當然，因爲我會說印度話，使得我的印度旅遊體驗非常多采多姿。

想一想你的孩子看到你如何運用時間。如果你騰出追求熱忱的空間——閱讀、繪畫、觀星、園藝，你的孩子便會把學習視爲人生的重要部分。如果你不確定什麼能令你快樂，就去追求吸引你目光的小事物：在推特貼文裡的一個網路連結、廣播上的訪談、雜誌封面上的標題。跟隨這些線索，你會走到你的心要你去的地方。

啓發孩子的好奇心和解決問題的能力

每個孩子生來就有內建、預先搭載的獨特熱忱。有的孩子被痛快跳舞的欲望淹沒；有的只想烹煮美味佳餚；有的想說故事、花時間和動物在一起、描繪發明物。如果父母要孩子發掘熱情和目標，就必須敞開心胸，接受孩子心之所向，而不是依據我們的偏好，將孩子推向他們不感興趣的方向。

父母必須敞開心胸，接受孩子的心之所向，而不是依據我們的偏好，將孩子推向他們不感興趣的方向。

要做到這點，需要很多沒有預先規畫的時間，也需要接觸各種人物和各種體驗。我們強制孩子參加沒完沒了的組織化活動，孩子每天晚上還要承受功課的猛烈攻擊，外加不斷被數位設備拉走的注意力，這些往往會讓孩子不得清靜，聽不見可以引導他們走上個人探索之路的心聲。要不是我念高中時有空閒時間，我可能永遠不會將學習印度語的欲望付諸行動。當你將孩子從早到晚的行程塡得滿滿的（這年頭，還外加週末和暑假），孩子就沒有時間遊蕩閒逛、做白日夢、探索能爲他們帶來生氣的事物。

要把孩子養育出他們應有的丰姿，也需要父母致力培養他們對生命的好奇。珍妮爾·柏里·霍夫曼在送十三歲的兒子 iPhone 時，附上了合約，我很喜歡其中一條規定：「納悶而不上網查。」⑬

在現在的世界裡，孩子極少爲了疑惑而想破頭；不論任何問題，用手邊方便的工具一查，幾秒內就會有答案。但我們能協助孩子培養的最棒技能之一，就是解決問題的能力。孩子必須能在好奇與答案之間的未知空間，安頓下來。

讓孩子有機會走出傳統教室的限制，探索他們感興趣的事物。這些追尋在發生的當下未必看得出意義，甚至也不持久，但追尋內心的渴求是何等的喜悅，不論那些欲望有多神祕。當我們追隨心意，各種神奇的事都可能成眞。

爲你的生活注入意義和學習熱忱，也給孩子實踐這一點的實際機會，就能預防他們感到無聊、淡漠、萎靡，從追尋令靈魂悸動的事物，得到心靈的喜悅。

---

⑬ Janell Burley Hofmann，〈葛雷戈里的 iPhone 合約〉（Gregory's iPhone Contract），網誌貼文，二〇一三年七月八日，http://www.janellburleyhofmann.com/postjournal/gregorys-iphone-contract。

屬於你的練習

怎麼做，你才能從親職中抽身，發展自己的興趣？

靜靜坐著，省思以下的問題，將你的想法寫在記事簿裡。

1. 你小時候喜歡做什麼？喜歡在戶外玩耍嗎？畫畫？製作音樂？寫詩？建造東西？跟朋友消磨時間？破解謎題？閱讀？
2. 你現在喜歡做什麼？如果你有追尋熱忱的時間和自由，而且是純粹爲了樂趣，你會做什麼？
3. 在過去三個月，你有多常做跟熱忱有關的活動？如果答案是「一次都沒有」，你上一回單純爲了樂趣做一件事，已經是多久以前的事了？
4. 是什麼阻礙你追求嗜好、興趣或熱情所在？誰都能說「沒空」，但請深入這個問題。這完全屬實嗎？還是你有一些零碎的時間可以用在溫習你的鋼琴或看小說，而不是打開電腦或看電視？
5. 如果你追隨自己的熱忱或興趣，你的孩子可能得到什麼益處？

6. 寫下你希望自己投入多少時間追求一項熱忱，並滋養你的心靈。寫出哪幾天最適合把這項活動納入每週的行事曆裡，誰能幫你帶小孩，以及其他有助於實現這個夢想的細節。

請你跟我這樣做 ➤ 日常教養的實際應用

※我需要使用電子裝置來工作，我要怎樣才能擔任不使用那種東西的榜樣呢？

問題：我了解限制看螢幕的時間很重要，但我的老闆很難伺候，任何時間都可能發電郵給我，包括晚上，他都要我立刻回覆。我能在家工作已經很幸運了，我不想丟掉飯碗。但孩子們常在他們認定的家庭時間裡，看到我開電腦或回覆訊息。他們老是看到我打開電子裝置，我要怎麼說服他們切斷連線很重要？

建議：科技的進步讓很多家長們可以在家工作，天天守在孩子身邊，這是以前辦不到的事。但這也表示在孩子眼中，當你將早餐端上桌，或跟他們依偎著說故事的時候，雖然你在場，但你的老闆卻隨時可以打斷你，孩子可能會覺得自己不如網路另一端的人重要，不管那是誰。就像你說的，如果你鼓勵孩子不使用電子產品，你卻走到哪裡，智慧型手機都黏在耳朵上，那可能有點虛僞。

你的情況不只在於讓孩子發洩他們必須跟你的老闆分享你的不滿，也在於你使用科技。我在線上課程及前一本著作《教養不是作戰》中，都提到了我稱爲「第一幕教養」的做法，這可以確保我們在向孩子解釋或建議之前，讓孩子覺得你聽見了他們的心聲。

我會說這樣的話：「當你們看到媽咪在晚飯時接電話，不曉得你們有什麼感覺。你們曾經因爲這樣生氣過嗎？」你只要拋出話頭，點明孩子對於必須和別人分享你，心裡一定不是滋味。等他們宣洩完畢，你就可以說：「我明白了。你們覺得我在晚餐時接電話很不公平，尤其我又嚴格規定你們關掉電子產品，好讓我們家人可以相處。我看得出哪裡似乎不對勁。」他們大概會等你接下去說明你工作上的需求，但如果你已經交代過工作及工作需求的實際情況，不講也行。最重要的是，孩子知道可以放心跟你說眞心話。

除非你換新工作，否則你的情況沒有簡單的解決方法。同時，如果你不時地承認工作有時令你感到挫敗，並且不在孩子埋怨時，說出撩撥他們罪惡感的話，譬如：「你不希望媽咪丟掉工作吧？」就能減少你離不開電子產品所造成的衝擊。只要你在眞正收工時，跟孩子們以不用插頭的方式享受閒暇時光。

※萬一我沒空建立互助的社群，怎麼辦？

問題：我是個單親媽媽，有三個未滿八歲的孩子。我父母住在美國另一邊，我有份全職工作。自從我離婚、帶著孩子搬到新的地區以來，我還沒空去認識隔壁的鄰居，更別提跟其他家長組成支援的社群。我感到很孤立。

建議：很多父母忙到幾乎沒空洗澡，更別說抽出時間結交新朋友。話雖如此，還是要鼓勵你找機會認識新的人，連最小的機會也不放過。其實不必偏離日常作息很多就能遇到新的人，但你可能得跨出舒適圈去搭訕。早上送孩子到學校的接送區後，跟其他家長聊個兩句，或建立每個週末都帶孩子到公園的慣例，你就會有機會認識你家那一帶的其他家長。有些人覺得請孩子的老師引介他們認識跟孩子投緣的同學的家長，是很棒的做法。也有的人會參與學校的事務，或出席當地圖書館爲孩子舉辦的活動。

建立一個社群需要花一點功夫，報償卻很高，你和你的孩子都能從中受惠。我們不應該獨自照顧小孩，或孤絕地教養兒女。慢慢來，也許你可以訂立每個月認識一個新的人的目標。長此以往，就會有人介紹你認識別人，要不了多久，你就會有自己的後援網絡。

※我可以把前夫隔絕在外嗎？

問題：我同意剔除生活裡那些對我們有害的人很重要，但我的前夫怎麼辦？他粗魯無禮、陰晴不定又不體貼，我想讓他從我的生活中消失，但因爲我們的監護權協議，我別無選擇，只能幾乎每天都應付他。

建議：就像我說的，有時我們會發現，自己生養到行爲模式會激怒我們的孩子，我們不是按照舊模式反應，就是挺身迎向挑戰，處理未療癒的傷痛，最後成長爲更好的人。某些成年人似乎也是專門爲了惹惱我們而誕生的，而且往往是像你這種不能輕易斷絕的關係。

在離婚後共同持有子女的監護權，是爲人父母者最傷腦筋的事之一。一方面，你已經跟一個曾經愛過的人分道揚鑣，這個人給你的傷害或失望太深重，你再也受不了和他一起生活。你可能感到憤怒、怨憎、困惑、深深哀傷。把這個人從日常生活裡一筆勾銷，自然比較不痛苦。但我們正好可以練習實踐「我可以爲兒子擋子彈」或「只要能保障女兒們的安全，要我移山倒海都沒問題」之類的宣言。

你是有選擇的，每次你跟前夫互動時，你都可以作選擇。你要專注在他惹人厭的特質上，以致你在不得不交代孩子們的近況時，胃部緊縮嗎？或者你會拿出放大鏡，去看他好的一面？我了解聚焦在他的負面特質上的話，你會比較能認同你們離婚的決定。即使離婚對你們而言最好，但你的孩子們卻承擔了重大的損失。請儘量不要讓孩子們捲進父母之間的壓力和衝突。

視你的需求限制你們的接觸，但把格局拉高。別當前夫的行爲是衝著你來的。可以的話，發揮你的慈悲心，體認到在比較深刻的層次上——在他的人格瑕疵或你們以往的傷痛之下——他只是一個和你一樣在人間跌跌撞撞的旅人。爲你原本希望你們可以共度的生活哀悼，或爲你以前對他的期許哀悼，你會比較能接受前夫現在的樣貌，包括他惱人的缺點等等。

我的朋友兼同事凱薩琳．伍沃德．湯瑪斯是「清醒分手」（Conscious Uncoupling）的創辦人，她叮嚀我們：「我們或許可以解除婚姻，但我們絕不可能在解除家庭關係時，不讓家裡的每個人在情感上無家可歸。」她勸我們把孩子的需要擺第一，尊重孩子多麼需要我們允許並支持他們去愛且相信自己的另一位家長，不論這個家長有多少毛病。學會在你失望之餘支援孩子錯縱複雜的脆弱，選擇保護孩子和你的前任配偶之間的情感家園（儘管你很痛心）。做一個有慈悲心的父母，就是這麼一回事。

第六章

有覺知且正向的溝通藝術

孩子始終都不太會聽長輩的話，

但絕對會模仿長輩。

——美國作家　詹姆斯・A・鮑德溫（James A. Baldwin）

幾年前，我在坦尙尼亞參加遊獵之旅。我們開車找犀牛，找了一兩天都落空。嚮導把吉普車駛進一個休息區，讓大家休息和吃午餐。我很興奮可以問問其他在塞倫蓋提遊獵的旅人，是否有看見這種行蹤飄忽的動物。我向隔壁吉普車的駕駛說：「你們看到犀牛了嗎？」他嘀咕著說話，顯然對我的提問很不高興，然後掉頭就走了。我問我們的嚮導那個人說了什麼，我永遠忘不了他的答案：「他說你沒有先跟他打招呼。」

我很震撼。他說的完全正確。我粗暴地闖到這個人面前，連一句「哈囉，你好嗎？」都沒說。我學到了無價的教訓，我很感激這個人懂得自尊自重，沒有放縱我無意識的舉動。我忘了對人要有禮貌。

要把孩子養育成有自信、成功的成人，爲他們示範有家教的言行是必要條件。我說的不是正式的繁複規矩，而只是令人舒服的行爲。有的人不肯教孩子禮貌，認爲那太老派，只有跟王室住在一起才需要講究禮儀，因爲絕大部分人都不太可能有那種需求。但我認爲擁有讓別人自在的能力，跟取得名校的大學文憑同樣重要。我們未必會知道同事是耶魯或牛津的畢業生，但我們可以立刻知道自己和同事相處時，是不是感到輕鬆自在。

要教孩子有家教，最佳辦法是在孩子們面前日復一日地示範。

爲孩子示範良好的教養

「我先！」「我還要！」「那些是我的！」在尚未發展出同理心或交際手腕的孩子身上，這些是很正常的用語。孩子天生就以自我爲中心，如果只剩下一塊派，他們會拿走。如果你的女兒邋鞦韆邋得正開心，叫她把鞦韆讓給在等著玩的小孩，她會憤恨不平。這不表示她自私，她只是展現出小孩的行徑。父母不帶批判的指引，可以幫助小朋友學會關心別人的願望與需求的基本道理。

要教孩子有家教，最佳辦法是在孩子面前日復一日地示範。例如，用餐時要在確認每個人都落座、盛好自己要吃的菜之後，才讓大家開動。如果孩子忘了，讓他們知道你了解他們餓了，同時耐心地等候別人盛好菜，然後才拿起你的叉子。

孩子的朋友到家裡玩的時候，協助孩子學習分享和輪流。解釋你知道要等輪到自己玩鋼琴或把大塊的蛋糕留給別人很困難，但你們家會給客人特別的禮遇。

教導孩子如何介紹別人。「諾里斯女士，我希望您認識一下我的堂哥喬伊。」或者，「爺爺，這位是我的朋友艾莎。」把和善的寒暄禮儀變成迎接客人進屋的慣例。爲孩子示範在跟剛到的客人握手時，如何跟對方眼神接觸，或是擁抱客人，假如這對

當你向孩子示範如何為自己的疏失或輕率的言詞負起責任，他們就會效法你。

你的孩子來說是得體且自在的話。

有家教的其中一環是承認別人的感受。當你向孩子示範如何爲自己的疏失或輕率的言詞負起責任，他們就會效法你。如果你冒犯了別人，讓孩子聽見你的道歉，並且不替自己的行爲辯白。最後，務必讓小朋友知道如何接受讚美。「謝謝你的讚美」是接受別人美言的簡易優雅方式，也比轉移話題健康得多。

不要只有外人在或在大庭廣眾下才講究禮貌。孩子大老遠就能嗅出你的虛僞。對家人說魔法字眼「請」和「謝謝」時，必須眞誠。《爲人母》雜誌創辦人佩姬・奧馬拉（Peggy O'Mara）說：「小心留意你怎麼跟孩子說話。有朝一日，你說話的方式，會變成他們內心的那個聲音。」

在關懷、尊重的行爲中長大的孩子，會發展出禮貌、深思熟慮、體貼的性情。在孩子表現出家教時予以認同，在他們忘了家教時輕輕地糾正。不要指望孩子表現得完美無瑕，在你爲他們的行爲訂立標準時，務必把他們的發展階段納入考量。

如果你的孩子有發育障礙或心理課題，當你想像別人因爲你孩子的怪異行徑或缺點而批判你時，你往往會出現罪惡感和羞愧感，千萬別向那些感覺低頭。尋找你需要的慈愛援助，好讓你知道不論孩子的行爲舉止如何，你的最佳表現不只是夠好了而已。

避免引發關於禮儀的權力鬥爭，尤其是跟青少年時期的孩子。強迫小孩道歉或保持禮貌，只會適得其反。在耐心、慈愛的引導下，孩子會成為令人如沐春風的那種人。說到底，家教良好就是這麼回事。

陪伴孩子面對並處理憤怒

帶著小孩來找我的父母，常常是為了處理孩子的憤怒議題。有的孩子很難克制情緒，因為他們尚未成熟，或是個性衝動，以致掌控強烈感受的能力發展不足。但我常發現，其實他們父母的脾氣也很大。

我們每個人——孩子和大人，都會遇到未必能夠駕馭的強烈情緒。有的人隨遇而安，生活不如意也難得生氣；有的人卻得吃力地避免挫敗和失望掀起的情緒風暴。如果不處理憤怒的根本原因，有時我們會做出以後會懊惱的言行。以威脅或懲罰遏阻孩子出現憤怒的行徑，可能導致尚未排解的情緒被壓抑到檯面下，然後以飲食疾患、上癮症、沮喪的形式呈現；也可能是為之後的怒火大爆發而累積燃料。

與其在我們失去冷靜時羞辱自己，我們必須退後一步，釐清自己在想什麼、有什麼感覺，並且辨識憤怒的根本源頭。憤怒可能是尚未化解的悲痛、傷心、挫折、壓力、賀爾蒙失調、焦慮、疲憊的外在顯化。除非了解憤怒代表的是我們有需要處理的議題，而不是自主的行爲，否則我們將無法減輕憤怒對生活的影響。

除非了解憤怒代表的是我們有需要處理的議題，而不是自主的行為，否則我們將無法減輕憤怒對生活的影響。

在輔導頻繁地爆發怒火的家庭時，我發現協助吼人的和被吼的人（承受怒火的那個人）對話，在安全的環境讓對方聽見自己的心聲，對他們會很有幫助。當雙方都卸下防衛，設身處地爲對方著想片刻，他們就比較願意化解助長怒火的那些情緒。

我也會分享以下的故事（作者不詳）：

有個脾氣非常壞的少年，常常拿周遭的人出氣。一天，他父親給他一袋鐵釘，叫他每次發火，就得在柵欄上釘一根鐵釘。

開頭幾天，男孩不得不在柵欄釘了一大堆釘子。但漸漸地，他發現自己可以在情緒即將發作時察覺。他知道一生氣就得去拿釘子，穿過後院，把釘子釘在柵欄上，這協助了他去控制自己的怒火爆發。

最後，男孩終於可以跟父親說，他學會了克制自己的脾氣。他父親說，每次他一整天都沒有用怒氣傷人，就可以拔掉柵欄上的一根釘子。

有一天，男孩跟父親說，現在釘子都拔光了。

父親把兒子帶到柵欄旁，說：「你學會了一件很重要的事，兒子。但我要你看看柵欄上的洞。這道柵欄永遠不會跟被釘釘子之前一樣。同樣的，當你說了氣話，就算你已經道歉，你的言行依然會留下傷害，就和柵欄上的這些洞一樣。」

我們得協助孩子在有了想說什麼話、想做什麼事的衝動時，延後將衝動付諸行動的時間。犯錯是人之常情，對錯誤寬容則超凡入聖。但是當孩子愈來愈了解自己的行爲會造成不可逆轉的後果，可能傷及重要的人際關係，就像釘在柵欄上的釘子一樣，我們便可協助孩子在生氣時採取讓自己慢下來的策略，爲自己的行爲負責，並在必要時彌補傷害。

殘酷的言語和傷人的行爲所造成的破壞，都無法抹除。每次我們跟人爭辯，我們都需要暫停一下，想一想我們的話可能造成的影響。

教導孩子「說實話」的藝術

《新聞急先鋒》影集裡有幾幕很棒的戲：文雅的年輕人吉姆在與麗莎交往，當初是梅姬不顧他的反對，硬是撮和他們倆的。吉姆非常有禮貌，儘管覺得自己和麗莎幾乎沒有共通點，他仍繼續與麗莎交往。其實他對梅姬的心意強烈多了（這說來話長）。吉姆和麗莎的感情維持了幾個月。梅姬甚至替吉姆買禮物和浪漫卡片，讓他送給麗莎當作情人節禮物，鞏固麗莎對吉姆的依戀。麗莎總算對吉姆說她愛他，而因為他彬彬有禮，於是便說自己也愛她。他們的關係變得更認眞，吉姆則默默受苦。他知道自己應該向麗莎說實話，卻受不了會傷了她的心。

最後，麗莎偶然聽到吉姆說出他對她的眞實感受，以及他對梅姬的情意，她便跟他對質。即使得到了坦白的機會，吉姆依然否認麗莎聽到的話。麗莎明智地說：「吉姆，承認吧。我們可能要一直到替孩子挑選幼兒園時，你才擠得出勇氣向我說出你對我的實際感覺！」她說服吉姆，她情願知道眞相，也不要虛假的愛，吉姆這才豁出去。

要駕馭艱難的對話並不容易，尤其是敏感的話題，但如果我們要孩子擁有健康的成人人際關係，教導他們說實話的藝術，就顯得至關重要了。如果孩子常常聽到我們以下列這一類句子作爲開場，來跟家人排解問題，將會很有幫助：「我一直很擔心……」「我不確定你說……是什麼意思。」「有件讓我很不舒服的事……」「我眞的很不喜歡……」

多數人都看過很多自助書籍，曉得維繫良好關係的關鍵之一，是建立良好的溝通。但怎樣才算溝通良好？前文提過，我的「第一幕教養」策略可以幫助父母跟孩子並肩同行，不張牙舞爪，好讓孩子可以接受父母的指引，而不是咬牙切齒地反抗。這個策略包含認同孩子的體驗，不試圖用言語抹煞孩子的感受。我們與任何人溝通時也一樣，當我們強勢地傳遞我們的觀點，便會引起對方的抗拒。

要有良好的溝通，就必須承認對方的立場，體認到對方有權利抱持自己的感受，就跟我們有資格擁有自己的感受一樣，而不是人家的觀點或感受跟我們不一樣，我們就貶低對方。這表示承擔起選擇溝通方式的責任，而不在我們表達憂慮時責怪對方，或堅持對方錯了。

良好的溝通會創造允許雙方表達心痛或悲傷、說實話的空間，還可以促進雙方的親密關係，儘管在那之前的過程並不好受，得把難爲情的感受都攤開來說。溝通也是讓需求得以滿足，或至少可以協商的場合。這幫助我們了解別人和自己，也讓我們從對我們很重要的人身上得到重要的回饋——只要我們能放下自負的想法，轉而去接納對方的說法。這些都是我們希望孩子在成長過程中培養的人格特質。

心懷敬意地聆聽別人說話

我們可以訓練孩子以不侵略的方式表達願望，並心懷敬意地聆聽別人說話。但就像我再三重複的，我們必須爲孩子示範做法，孩子才會烙印在心。如果你和伴侶在看不慣對方的時候會插嘴並翻白眼，卻叫小孩不可以那樣做，那也是白搭。

我曾看過一個說法，在開口前應該捫心自問三件事：

1. 這話是眞的嗎？
2. 有必要說出口嗎？
3. 這是寬容的話語嗎？

透過謹慎而覺知的溝通，你養育出的孩子絕對會比較清楚自己言語的影響力，一

> 良好的溝通會創造允許雙方表達心痛或悲傷、說實話的空間，可以促進雙方的親密關係，儘管在那之前的過程並不好受，得把難為情的感受都攤開來說。

且他們自己或別人說出傷人的話，他們內心的警鈴就會響起。

在我的諮商實務中，我經常輔導親子練習傾聽，選擇會頻繁引發衝突的主題。遊戲規則很簡單：一個人發言兩到三分鐘，說出自己對主題的想法和感受。聽的人以敞開的肢體語言面向說話者，不准插嘴、一臉怪相、反駁、或以任何方式貶斥對方。說的人發言完畢後，聽的人必須提出三個答案爲「對」或「是」的問題或評論。這個練習幾乎每次都能讓親子之間更親近，因爲每個人都有機會「安全地」表達心聲，並且覺得對方聽見了。這做法很容易，不僅能夠促進家人的連結，還能爲孩子奠定基礎，學習在協商時令雙方都覺得被了解的溝通技巧。第十一章有這種溝通方式的對話範例。

以友善的閒聊，串起人際網絡

我要談一下關於溝通的另一個主題，這個主題可能會令你大感意外：閒聊。有大半輩子，我都覺得閒聊是無趣又不長進的活動。聊聊天氣或最美味的優格品牌，感覺眞的很白癡。但漸漸上了年紀以後，我的想法改變了。

人類是社交動物，與人相聚時，我們就會本能地跟人連結。但怎麼做？我們當然可以跟人見面，默默地凝視對方的眼睛。但簡短的交談是交換能量的好方法。主題本身不重要，討論天氣只是充當建立連結的工具，傳遞「我看見你了；我和你在一塊；我對你感興趣」的訊息。

教導孩子如何跟人對話，讓他們可以和遇見的人聊上幾句，會很有幫助。數不清有多少次，我看到小朋友在別人試圖攀談的時候呆住。「鮑比，你想做什麼？」「不知道。」「你喜歡運動嗎？」「大概吧。」

因此，儘管我不提倡虛應故事的膚淺對話，但我的確相信友善的閒聊自有其適用的時間和場合，當我們用「不好意思，她不想講話」替孩子擋下對話的機會，我認爲那對孩子沒有益處。對，有的人很內向，在交際時會不自在。真正害羞的人連看一眼不認識的人也如坐針氈，更別提與人攀談。我不是建議我們要逼孩子違反本性，更絕對不是主張我們應該鼓勵孩子隨意跟陌生人搭訕。但如果想讓家裡的小傢伙們具備日後長成有覺知、有自信的大人所需的技巧，我們就得依據他們的個別能力，教導他們對話的藝術。

屬於你的練習

對於「溝通」這門藝術，你有哪些不足？怎麼改變？

回想一段跟一個你重視的人溝通失敗的情境，大家都說了氣話，憤恨難平，或許甚至造成隔閡。

你對言語失和該負什麼責任？你是不是向對方砲火全開，張牙舞爪？當你用「你爲什麼……」作爲一句話的開頭，幾乎保證會令對方採取防禦立場。是不是不管對方說什麼，你都消極地同意，自己埋頭生悶氣，也不肯說出實際的感受？

花幾分鐘想一想在這場棘手的對話中，你可以怎樣改變做法。你要怎麼表明你願意聽取對方的觀點？你可以怎樣誠實說出自己的感受，但同時保持敬意，讓談話有較好的結果？

你可能會想在記事簿裡寫下你的想法。

請你跟我這樣做 ➤ 日常教養的實際應用

※要怎樣糾正兒子而不令他覺得丟臉？

問題：要怎樣幫助孩子明白自己的言行會傷害別人，而不讓他感到羞恥呢？我兒子有衝動的毛病，脾氣也不好，但他同時是敏感的小孩。他在鬧完脾氣後都很懊悔，說他討厭自己。我們要怎麼協助他不要情緒大爆炸，同時不讓他感到愧疚？

建議：這種情況在敏感而衝動的小孩身上很常見。一方面，他們臉皮薄，特別容易傷心難過，也受不了被輕視；另一方面，他們克制衝動的煞車能力很差，還來不及控制住自己的情緒，情緒就爆發了。

你的難題沒有簡單的解決之道。你兒子會爲了情緒爆發而懊悔是好事，因爲悔恨可以對他的行爲產生抑制效果。比方說，如果他對自己拿兄弟姊妹出氣而難過，下一次他氣惱的時候，或許就比較能管得住自己。問題是這在理論上行得通，但有衝動問題的小孩通常情緒不夠成熟，還沒思考過大發雷霆的優缺點，情緒就發作了。他們的脾氣急躁，一感到怒意，眨眼間就爆發了。

當孩子對於在情緒風暴爆發時沒能管住自己而感到內疚，他們需要知道的是，他們和他們的行為不能畫上等號。協助你兒子認清自己是怎樣的人——一個不喜歡傷害別人的人——他是他，而他令人不安的行徑則是另一回事。這不表示他不必替自己的行為負責，但這能讓他知道除了自己的行為以外，他是一個美好而可貴的人類。協助他學習辨識情緒颶風即將發作的身體警訊，譬如胃部緊縮或心跳急促，讓他可以在情緒風暴造成破壞之前，向你求助。

※應該強迫內向的孩子跟人閒聊嗎？

問題：你提到要鼓勵孩子跟人攀談，但我女兒極度害羞。有人來家裡的時候，她幾乎沒辦法正眼看人，可是一旦她跟人家混熟了，她的表現就很棒。內向的孩子跟人聊天是那麼痛苦，難道我們不該讓他們做自己，不去勉強他們跟人聊天嗎？

建議：對，我們應該讓內向的孩子做自己，我們應該讓所有的孩子都做自己，但沒有小孩會希望自己與人互動時的焦慮，影響了他們在人前的表現。

這個問題很難回答，因爲有的孩子需要大人稍微推一把，有的則眞的不能也不該強迫他們開口。比如，我絕不會說我們應該斥責不肯跟超市收銀員交談的嚴重自閉症孩子。

信任你自己。如果你的孩子沒有參與社交對話的能力，儘管隨她去吧。但如果她只是缺乏與人攀談或建立融洽關係的經驗，或許你可以考慮協助她熟習這方面的技巧。

※我應該請先生道歉嗎？

問題：我先生和我對要不要在吼過孩子後道歉，有不同的看法。我罵完孩子後通常會懊悔，然後跟孩子說我很抱歉。我先生卻很得意。即使他說在大聲斥責孩子後的感覺很糟，他仍然認爲向孩子道歉是軟弱的行爲。

建議：跟一個人結爲夫妻，並不能保證我們對教養兒女的每個層面都意見一致。即使我們在生養孩子之前，判定自己和伴侶幾乎每件事都心意相通，出現歧見的機會仍然多到數不清。

你先生的行爲模式大概來自他的父親，或是他童年時期的重要行爲榜樣。這些早期的印象影響深遠。不要因爲他不願意向孩子道歉就教訓他、勸告他、斥責他、批判他。如果他覺得你像一個會斥責他、羞辱他的家長，你就只會激起他抗拒的態度。

如果你先生看到你誠實正直地對待孩子（意思是他看到你爲自己的行爲負責），之後又注意到孩子尊敬你、跟你合作，或許他最後會斷定道歉是強韌的象徵，而不是軟弱的表現。但你得讓他自己找到出路。如果你批判他，他只會更堅決地捍衛自己的行爲。

第七章

以身教教導孩子如何面對錯誤

要有尊嚴地活在世界上，

最佳辦法是成爲我們假裝自己所是的。

——蘇格拉底

當孩子知道即使自己誤入歧途，仍是被愛的，
那麼要他認錯並設法彌補，就容易多了。

我曾讀到有個非洲部落在族人做錯事時，會做一件極不尋常的事。他們相信來到世界上的人都想要愛與和平，但有時人不免會犯錯。整個部落的人會圍繞著做錯事的人兩天，細數他今生的全部善行。他們把這個人的錯誤行爲視爲求救，他們會聚在一起支持他，提醒他是誰，直到他記起自己一時失聯的良善核心。

想想看，如果我們這樣對待內心煩擾、受傷的孩子，會如何呢？如果我們慈愛地在孩子犯錯時提醒他們憶起內在的良善，而不是嚴厲斥責呢？當我們知道即使自己誤入歧途，我們仍是被愛的，那麼要認錯並設法彌補，讓我們在乎的人重拾對我們的信心，就容易多了。

向孩子示範言行一致的行爲

你怎麼做一件事，就會怎麼做每件事——這是我人生的重要基本觀念，影響層面包括我的私生活和工作。

我兒子十歲時，問我晚飯時爲什麼對打電話來的電話行銷人員不禮貌。他問：「要是他坐在你面前，你會那樣對他嗎？」「親愛的，並不會……當然不會。」

人家說小孩會以超高標準檢視你，那可不是在說笑的。小孩會看到我們最好和最

糟的一面，我們做的每件事都會留下印象。我們對電銷人員說話的方式、履行要幫忙做科學研究計畫的承諾，孩子都看在眼裡。我們或許會忘了要有禮貌，或者後來才發現自己抽不出時間實踐諾言，去幫忙做科學研究計畫。這其實無妨。我們是凡人，免不了偶爾做不到我們最希望展現的樣貌。

但當我們的行爲違反我們給孩子的教誨時，就要有擔當。「我本來要找時間幫忙做你的研究計畫，我知道自己讓你失望了。」或者，以我兒子和電銷人員的狀況來說：「我可以找藉口跟你解釋爲什麼我對那個人講話不禮貌，但你是對的。我那樣對待他，我也覺得不好受。」

謹守「我們怎麼做一件事，就會怎麼做每件事」的觀念，可能很累人。我們必須願意原諒自己，而且要經常這麼做。但當我們維持一貫的品德，就能建立可靠的北極星地位，足以在孩子摸索如何誠實、正直地過生活時，擔任孩子的參考基準點。

犯錯後，最可貴的是勇於承擔責任

教導孩子在他們如意和不如意的日子裡，都要爲自己待人處世的方式負責任，將會給他們的人生莫大的優勢。我們都會被自己信得過的人吸引，也就是做事貫徹始終、說到做到的人——我們信任做事有擔當的人。

十五歲的西恩在跟母親大吵一架之後來見我，他對母親說了一些相當不堪入耳的字眼。我問他鬧到被禁足一個月的事情經過。他的描述大致如下：「她惹得我很生氣，我就說#$%*。然後，她說要罰我禁足一星期！我就更火了，說我認爲她是@^&!。接著，她說我要多禁足一星期，所以我就說了*#$%。」

我問西恩吵完架後的心情如何，他說很糟，但同時對於被禁足也超憤慨。

我問他是否願意聽聽我對他剛才那番話的想法。「我覺得你認爲是媽媽先惹你生氣，才逼得你說出那些傷人的話。你是這樣想的，對吧？」

他承認了，但他笑了一下。他跟我夠熟，知道我八成會鼓勵他跳脫自己的認知，從比較開闊的觀點看事情。

我說：「西恩，請你把事情重講一遍，可是這一次，在你描述自己做了或說了什麼時，請你先說**我決定**或**我選擇**。」

他有點侷促不安，但他很有風度。「媽媽指責我做過的事，我真的很不爽，就**決定**說她#$%*。她也火了，罰我禁足一星期。這下子我更不高興了，就**選擇**說我覺得她@^&!。她氣到不行，說要我禁足兩星期，我就**決定**說*#$%。」

要讓孩子明白選擇不良生活的後果，效果最好的辦法是讓他們聽聽曾經嚴重偏差的人，如何讓生命回歸正軌。

他說完後，我問他講完第二個版本的感覺如何。可憐的孩子！責怪媽媽，要比承認自己火上加油的言行容易多了。但講句公道話，他承認自己作了一些很壞的選擇，以致引火自焚。我說誰都會犯錯，但如果我們肯認錯，致力彌補，就可以撥亂反正。

跟孩子討論我們必須面對拙劣決定的後果，期望他們在作決定時會深思熟慮，這些都很好。但要讓孩子明白選擇不良生活的後果，效果最好的辦法是讓他們聽聽行爲曾經嚴重偏差的人，怎樣讓生命回歸正軌。

我有一位個案帶孩子們到一個名爲「狄蘭西街」的寄宿型更生計畫住民所經營的賣場，購買聖誕樹。這位父親告訴我：「跟狄蘭西街住民打交道的經驗，讓我們很感動。幫忙我們挑樹的男人，可能會聊一聊已經兩年沒有見面的兒女。他跟我們說：『這很值得，因爲如果我繼續參加這個計畫，最後我可以成爲他們應該擁有的那種父親。』也許在另一次，我們會發現那個在把樹綁到車頂上時跟我們開玩笑的人，坐了大半輩子的牢。他會聊自己做錯的那些事，以及他很感恩自己現在還活著，有機會重新來過。」這位個案帶孩子到狄蘭西街買聖誕樹很多年了，部分原因是因爲他發現讓孩子跟爲錯誤負責任、扭轉人生的人交談，孩子得到了很多收穫。

可想而知，對於有上癮症困擾的人或是因爲不老實的勾當而承受苦果的人，多數人都會設法不讓孩子接觸到他們。但如果你有已經從艱困的人生路途漸入佳境且你信得過的朋友，讓你的孩子聽聽他們吃苦換來的建議，或許會有無價的收穫。不論是幾千年前圍坐在火邊，或是站在城郊的聖誕樹賣場，我們都最能從別人的故事裡學到東西。讓孩子親炙曾經誤入歧途的人，聽聽他們在面對錯誤後得到的智慧和洞見，或許會深深影響孩子的人生。

如何鼓勵孩子誠實

孩子都會玩弄真相。在某些年齡，這是很適當的發展階段。其實，扭曲真相是學習幻想和現實、事實和虛構的差異的一環。當然，孩子會隱瞞真相，以免惹禍上身。即使日後可能被揭穿，但彆扭地維持假象，通常比承認令人難受的真相好受。日後是日後，現在是現在。

與其利用恐懼和羞辱鼓吹孩子面對錯誤，我們更應該向孩子強調（當然還有示範），即使必須硬著頭皮，誠實的感受都舒服多了。

多倫多大學在二〇一〇年的一項研究，探討了影響孩童誠實的因素。年齡介於三歲至七歲的孩童被單獨留在一個房間內，並且告誡他們不可以偷看神祕玩具是什麼。

當孩子認為誠實是正向的特質，會比他們認為不誠實會招致苦果時，願意承認錯誤。

不久後，研究人員就再回到房間，朗誦一個故事——《小木偶》、《狼來了》或《華盛頓與櫻桃樹》。然後，再問孩童是否偷看了收起來的玩具。

研究人員會跟剛才在故事裡聽到不誠實帶來苦果的小孩說：「我不要你像皮諾丘或是那個喊狼來了的小孩。所以請跟我說實話！」而聽了喬治·華盛頓承認自己確實砍了櫻桃樹的小孩，則被告知要像他一樣，而這些小孩承認自己偷看的機率，是聽到說謊造成苦果——皮諾丘鼻子變長的恥辱，或大喊狼來了的小孩被吃掉——的孩子的三倍。

當喬治·華盛頓故事的結局從向父親承認自己砍了櫻桃樹，改成謊稱沒有砍樹，聽了改寫版故事的小孩便和聽了說謊招致苦果故事的小孩一樣，都不願意承認自己偷看了神祕玩具。

研究結果顯示，當孩童認爲誠實是正向的特質，會比他們認爲不誠實會招致苦果時，願意承認錯誤。也就是說，與獲得讚美和認可的前景相比，害怕受罰的激勵效果較差。

四個步驟，引導孩子眞誠地道歉

在我的家長生涯中，我醒悟到儘管用不著完美，但我確實得學會在自己喪失理智、出現有失身分的言行時負責。我必須學會如何道歉。

那個過程很艱難，因爲我的小我策畫出許多策略，來避免我淪爲犯錯的那一方。在我的成長環境中，我們在乎的是自己是對的，並不重視要承認自己的缺點。我學的是捍衛自己的技藝，我是從辯駁、合理化、責怪別人的殿堂畢業的。

記得我說過孩子可以是我們最棒的老師嗎？當年就是我兒子給我機會，讓我發現自己可以放鬆，進入接受自己不完美的幸福體驗。我可以認錯。那是很緩慢的過程，但眞的讓我如釋重負！此外，還有一個超大的附加效益：現在我調教出一個願意在搞砸時道歉的年輕人。可見比起辯贏別人、比起堅持自己是對的，我的兒子更重視愛。

這是我對道歉的心得。道歉必須眞誠。我不想在小孩傷了別人的心或身體之後，強迫他們言不由衷地咕噥一句：「對不起。」其實，孩子從不眞誠的道歉中學到的就是做人可以很混蛋（這是很客觀的說法！），只要他們低聲說出那三個不起眼的字，就天下太平了。只有在孩子眞心懊悔之後，才能讓他們道歉。

道歉不能跟羞辱掛鉤。當我們在孩子犯錯時羞辱他們，他們會啓動防衛機制，令

我們一定要溫和地協助孩子看見別人受傷的心，他們才能思考自己不客氣的行為所造成的殺傷力。

他們更難認錯。我們一定要溫和地協助孩子看見別人受傷的心，他們才能思考自己不客氣的行爲所造成的殺傷力。唯有如此，他們才能眞心說出「對不起」或做出補救的行爲。

道歉的第一步是眞心說出「對不起」，並且不能附帶對行爲的辯解。「對不起，可是我會踩到你的腳，是因爲你把腳伸得太出來了。」這不是道歉。很多人很擅長表面功夫的道歉，但他們解釋自己爲什麼做出那些事，而且往往指出是對方害他們那樣做，以致抵銷了道歉的效應。「很抱歉我因爲你遲到而大發雷霆，但我眞的擔心死了！而且我好累……青菜煮過頭了……狗狗亂踩玫瑰……」和「我對著遲到的你發飆，對不起」，是不一樣的。就這樣。看出其中差別了嗎？或許你會在某個時機跟對方談一談，協助對方看見自己可能在哪些方面也導致了問題。但初步對話的作用只是移除你的行爲所造成的疙瘩。

其次，我們必須明確地承認自己的行爲影響了對方。「我踩到你的腳時，你一定很痛。」或是，「你一進門，我就對你大吼大叫，你大概嚇了一跳吧！尤其你是塞車塞了一個小時才到的。」這讓被虧待的一方知道我們不是只從理智上說動聽的話，而是確實設身處地、清楚地想過我們的行爲如何影響了對方。

第三，我們披露自己犯錯後的心情，表明我們有心改善。「後來我心裡很難過。眞不好意思，我情緒失控了。我要你知道我很努力改進自己。我愛你，我不希望你擔心要是自己來不及，我會對你大吼大叫。」這時，你可以看看要不要說明你打算如何減少再犯——不論是決心在你生氣時離開房間、數到十、寫日記、接受諮商師輔導、增加睡眠，都可以。

最後，詢問對方怎樣才會原諒你或覺得舒服一點。「需要我做到什麼事嗎？」然後，對方就可以說出接受你的道歉、放下嫌隙，或是說明要你怎麼做。例如，對方可能會說：「我想原諒你，但我希望你保證下次我遲到而我的手機又收不到訊號時，你會在向我發洩怒氣之前，先聽我說明情況。」

曾經有人告訴我，他們小孩的學校特別教導小傢伙們，不要在弄傷其他小孩時說：「對不起。」學校教他們先問朋友有沒有大礙，然後幫朋友倒杯水、拿濕紙巾（清潔傷口）以示關切。他們也鼓勵小朋友如果看到別人出事，就幫受傷的人拿濕紙巾。因此在這所學校裡，每次有小朋友受傷，傷者都會拿到一杯水和一疊濕紙巾！我很喜歡一群小朋友安撫一個拭淚的小男生或小女生的畫面。這些孩子從幼年就學習在出岔錯的時候，務實地彌補傷害，而不是只有言不由衷地咕噥：「對不起……」

總之，以下是道歉的四個步驟：

1. 誠心說出「對不起」且不解釋，因爲解釋可能會被認爲在合理化或辯駁已發生的事。
2. 用「我想你覺得……」表明你以同理心和關切，設身處地想過對方的觀感。
3. 「以後……」則用來宣告你有心改進，明確表達你不願意日後又做出傷人的行徑。
4. 「需要我做到什麼事嗎？」這是在邀請對方說任何令他不想原諒你、盡釋前嫌的事。

當我們在逾越分際之後認錯，不捍衛自己或責怪別人，我們便會得到海闊天空的自由感。我們不必再因爲希望自己道德高尚，但那個有缺點的自己卻總是不時地冒出來，而爲了這兩者之間的落差掙扎。我們可以更慈悲地接受自己。每次的道歉會愈來愈容易，諷刺的是，放下防衛可讓我們比較眞誠地同情別人。

爲人父母不僅協助我們面對自己的缺點，爲自己的行爲負責，不被驕傲和自尊牽著鼻子走，進而幫助我們教導孩子要爲言行負責，並了解誠正的生活很重要。

屬於你的練習

你可曾因爲隱瞞錯誤而傷害別人？
你願意跟孩子分享切身經驗嗎？

我要在開始前把話說清楚，這個練習的目的並不是要重啓你往日的羞愧或憾恨，而是探索壓抑或隱瞞錯誤，經常比認錯並補救來得痛苦且代價高昂的事實。

回想一個曾經讓你學到重要人生教訓的個人錯誤。在記事簿裡描述當時的情況。

有人受傷嗎？有的話，是如何受傷的？

你立刻就處理這個錯誤所引發的後果嗎？還是你從一開始就否認，並希望沒人發現？

如果你沒有處理自己的錯誤，你爲了隱瞞眞相，付出了什麼代價？

你怎樣彌補受到這個錯誤波及的人？

假如說出這件往事是恰當的且不會傷害別人，就告訴你的孩子，協助他們明白你從面對錯誤學到的教訓。

在記事簿中摘要記錄這個練習給你的想法或反省。

請你跟我這樣做 ➤ 日常教養的實際應用

※小孩不乖，難道不用懲罰嗎？

問題：那個非洲部落的故事是很溫馨啦，但如果小孩不乖還不懲罰他們，我想不通要怎麼教小孩學會恰當的言行。他們難道不會錯亂嗎？難道做錯事的小孩不但不必面對苦果，還要跟他們說他們是好人？

建議：把孩子和他們不聽話的行爲畫上等號，對孩子是很嚴重的傷害。人類的行爲動機有兩種：不是追求愉悅，就是避免痛苦。一個說謊、偷盜、傷害別人的人會出此下策，要麼是因爲他相信那可以讓他好過一點——更有力量、受到尊重或維護了自己；要麼是因爲他認爲那可以幫助他避免某種形式的痛苦。

不斷因爲犯錯而遭受批判、斥責、羞辱或毆打的小孩，不會因此有心改進。他們通常會放棄，因爲心腸變硬而合理化自己的不端行爲〔心理學家把這稱爲「乾眼症候群」（dry-eyed syndrme）〕。提醒孩子記起自己秉性良善、清楚看見自己的核心本質，就能幫助孩子重建對自己的信心。培養孩子做正確的事的勇氣，效果比用懲罰來威脅他們好多了。

倒不是說孩子不用面對做錯事或不良行爲的自然後果。如果愛麗莎因爲不能穿姊姊的毛衣，就在家裡大吵大鬧，搞得雞飛狗跳，你可以決定不帶她到公園。但你現在大概發現了，我對行爲失當的處理方式是審視根本的原因，不從懲罰（或獎勵）的角度來思考。我不相信治標不治本會有用；我最想了解的是孩子不良行爲背後的理由，並且從根源著手，而不是在孩子行爲不檢時武斷地懲罰他們。

※小孩說謊是正常的嗎？

問題：我的十歲孩子老是捏造事實來避免惹禍上身。我總是分不清他幾時是在講眞話，幾時是在瞎掰，我只好一律當作他在撒謊，並且懲罰他。當然，假如他眞的講了實話，他會火冒三丈。我要怎麼判斷眞話和謊言？

建議：小孩行爲不端的時候，我會扮演偵探，問以下的問題：爲什麼他的行爲自有其道理在？他決定說謊之前，必然存在的前提是什麼？這孩子想追求什麼快感？還是想避免什麼痛苦？說謊能給他什麼好處？他應該是爲了避免惹禍上身的痛苦。這說得通，對吧？

我常說，當孩子說出不中聽的事情，我們的反應其實教導了孩子他們可以誠實到什麼程度。當你兒子眞的說實話時，會得到什麼對待？你會大發雷霆嗎？你會表明你對他失望透頂嗎？他會慚愧、羞窘嗎？或者感覺受辱嗎？並不是說你兒子不老實是你的「錯」，或他不應該爲騙人負責任。但我輔導不誠實的小孩時，我總是先假定他認爲自己從兩個很爛的選項裡面，挑了最好的那一個。

欺騙至親，對孩子來說是侵犯了極度重要的親密感和情感連結，孩子自己也會難過。但如果你兒子覺得吐露眞話會令你失望，以致他更難過（或他害怕你的怒氣和懲罰），他大概會認爲撒謊是兩害相權取其輕。

你愈努力成爲船長，並在兒子心目中建立你有能力聽取醜惡事實的形象，他便愈不會試圖透過欺騙來保護你和他自己。

閱讀如何加強親子依附關係和情感連結的資料，或許也能幫助你。當孩子覺得我們喜愛他、正眼看待他、樂於與他作伴，孩子的自然本能就是合作，情感連結會甦醒，他們會覺得不誠實所造成的不自在特別難以忍受。

問題：我父親努力照顧我們這些孩子（我媽媽沒跟我們在一起），但我在青少年時期是憤怒的野孩子，我和一些凶悍的孩子鬼混，做一些我並不自豪的事，例如炸掉信箱、在鎮上噴漆塗鴉。我已經脫胎換骨了，而我要我九歲和十一歲的孩子尊敬我。我應該跟他們說出這些往事嗎？

建議：反映曾經暫時喪失道德羅盤的事，我們多數人都做過。當我們憶起自己行徑惡劣的那段日子，會很難完全擺脫胃部的嚴重糾結，但最重要的是你今天的狀態。聽來你正依據自己想要擁有的樣貌來創造你的生活，這才是最重要的。

我絕不會決定你跟孩子說什麼以及說的時機。你的問題沒有正確答案，至少從我的觀點是沒有。我的最佳建議是聽從你的直覺，來決定要不要跟孩子們分享你爲以前的選擇所付出的代價。讓孩子們知道，想起青少年時期的往事仍會令你痛苦，對他們或許有益。但在講出細節時，務必確認你是爲了他們好，而不是爲了抹除罪惡感。別把孩子當成你的告解神父。

如果你決定不告訴孩子們你以前的逾矩，要清楚你的決定是基於正確的理由——因爲你覺得他們還沒準備好將他們舊版的父親和他們現在認識的父親，結合在一起。

如果你需要修正一項錯誤，譬如寄出道歉函、物歸原主、償還欠款，就去做吧！

補救永遠不嫌遲。我希望你不只爲自己的選擇負起責任，也要原諒自己。就像作家和詩人瑪雅．安哲羅（Maya Angelou）說的：「當我們比較明事理了，表現也會比較好。」看來你現在比較明事理了，你養育的孩子會作出較佳的選擇。

第八章

培養孩子的同理心與慈悲心

人類的慈悲心將每個人連結在一起——
不是基於憐憫或自以為高人一等，
而是因為我們是已經學會
將大家共同的痛苦轉為對未來的希望的人類。

——尼爾森·曼德拉

> 孩子必須在成長過程中，學習到我們在最細微、最原始的層次上，是互相連結的。

乍看之下，我們是充滿歧異的物種。現今世上大約有六千五百種口說語言（spoken language）。用來表達希望、需求、恐懼、夢想的各語言版本加起來，可眞夠多的。

可是這些希望、需求、恐懼、夢想呢？它們本質上是相同的。我們是在這個不停旋轉的世界裡跌跌撞撞的同一物種，努力求生存，保護兒女的性命，並且讓我們活在世上的時間儘量有意義。

有時候，我想像所有人類都是生命的種子，散播在全球各地。我們或許吃不同的食物，膚色深淺不一，但我們是同一個部族的成員。如果我們要以一個物種的身分活下去，孩子就必須在成長過程中，學習到我們在最細微、最原始的層次上，是互相連結的。現在的世界狀態很脆弱，而對人類同胞流露關懷與惻隱之心的能力，是人類存亡的關鍵。

二十多年前，義大利的研究員賈科莫·里佐拉帝（Giacomo Rizzolatti）和維托里歐·迦列賽（Vittorio Gallese）在觀察獼猴大腦時，發現了他們稱之爲「鏡像神經元」的東西。他們注意到獼猴伸手拿花生時會啓動特定的腦細胞，當這隻獼猴看著另一隻獼猴伸手拿花生，這一小群運動細胞也會啓動。也就是說，儘管這隻獼猴其實沒有拿花生，大腦也會出現跟實際動作時一樣的反應。

現在的科學研究支持的看法是，別人的喜怒哀樂會啓動我們大腦的鏡像神經元，以協助我們體會別人的感受，彷彿我們就是別人。現在，鏡像神經元被認爲攸關人類的同理心，讓我們可以柔情對待我們的人類同胞——對別人感同身受。也就是說，我們天生具備同理心。話雖如此，我相信可以透過一些做法，加強孩子感受別人心情的能力，或讓有些孩子更能夠隔絕別人的感受。

傾聽別人的故事，讓孩子看見不同的世界

不久前，我兒子著手一個計畫，開設「寫信給以前的自己」網站，邀請大家寫信給昔日的自己，根據自己從後來的人生經歷得到的觀點，提供見解、忠告或慰藉。網站的概念是重建人類千古以來圍著火堆時的那種對話。他的初衷是建立一個智慧得以異花授粉的空間，讓他和他的同儕可以向長輩學習，又或許長輩也能從小輩身上學到一點東西。他收到各年齡層和不同文化的人士來函，我察覺到他悄悄地蛻變了，他的心胸變得比較開闊。

我總是跟兒子說境況不如我們的人的故事，一逮到機會，也讓他接觸閱歷豐富的

人，讓別人告訴他家門外的世界。我們第一次帶他到印度時，他還未滿三歲；他七歲時又去一次，十歲時也是。他十五歲時，我帶他到烏干達、坦尙尼亞、澳洲、紐西蘭，進行兩個半月的探索、學習、志願工作之旅。他就讀大學時，在塞內加爾跟一戶人家住了一學期。我知道這些經驗協助他成爲一個有惻隱之心的年輕人，能夠自在地跟三教九流的人相處。

但閱讀這些大大刺刺展露個人脆弱之處的信，也大大喚醒了他的柔軟。他愈來愈常以「我愛你」結束對話。有時他打電話來，只爲了謝謝我以口述方式帶領他做的事，或感謝我做了一頓美味大餐。我看到他更挖空心思去感謝並耕耘其餘的重要人際關係。

有一封信特別觸動亞力，打破了他的某個框架。那封信來自一位年輕的中國移民，他寫給小時候的自己。

親愛的Z：

別再瞪著你的飯盒了，裡面的菜色並不丟臉。

白菜、飯、炒菜。你的母親一早起床替你做便當。她從雜貨店買回這些食材，又煎又煮，再好好地裝進便當盒裡。她這樣做不是爲了氣你，也不是因爲她是不肯入境隨俗的頑固中國女人。她這麼做是因爲她要你可以吃到自家的飯菜，因爲她每天早上送你到學校時，都看到你臉上的寂寞。

別再藏你的筷子了，用叉子是唬不了別人的。坐你隔壁的男生不會停止向你丟鉛筆，就算你學美國人的言行舉止也沒用。他們不會停止在你每天走進教室時罵你髒話，就算你假裝自己就像他們一樣，他們也不會停止討厭你。

有一天，你會明白他們根本就不討厭你。他們討厭的是自己，他們討厭自己的人生，討厭殘酷的命運讓他們誕生在赤貧的環境。他們只是還不夠成熟，所以才不懂事，拿你發洩他們的怨恨、他們惡毒的自我厭惡。他們拿你出氣，是看到你因爲搬遷到這個陌生的國度而暴露的脆弱、猶疑、困惑。

要堅強，Z。拿起你的筷子，吃你的午餐。自豪地吃，打直腰桿、抬頭挺胸地吃。因爲你以後會吃到大廚做的午餐，吃到足以招待國王的

引導孩子認同自己是世界公民、對男女同胞的福祉有責任，而不要只是照顧自己的需求。

午餐，還有在異國的午餐。但他們所吃到的菜色，永遠不會比你在學會自豪那一天的午餐更甘美。

這樣的信，讓我們可以窺見別人的私人考驗和勝利。他們提醒了我們，選項永遠存在，我們可以改變想法，作不同的選擇，爲自己創造符合我們心靈的生活。

孩子需要了解展現慈悲心的重要性

慈悲心和脆弱脫不了關係。我們不能規定小孩要仁慈，也不能在小孩對別人沒慈悲心時懲罰他們。要讓孩子的心地變得柔軟，就得讓孩子走出我們有時費盡苦心才建構起來並守護的小圈圈，讓他們在圈圈外待上一段時間。他們也需要看到我們在生活中展現慈悲心。

在我們試圖爲孩子縮小世界時，讓他們認同自己是世界公民、對男女同胞的福祉有責任，而不要只是照顧自己，這將會對孩子有幫助。

我的朋友葛倫儂．梅爾頓在她的 Momastery 網站建立了一個美好的群組，從她兒子就讀三年級起，她每天都發表一封給兒子的信。這封信被分享了幾十萬次。以下是摘文：

卻斯，我們不在乎你是不是最聰明，或動作最快，或最酷，或最搞笑。學校裡會有一大堆競賽，我們不在乎你有沒有贏過任何一場。我們不在乎你是不是每科都拿A。我們不在乎女生覺得你帥不帥，也不在乎下課時你是第一個還是最後一個被找去踢球的人。我們不在乎你是不是老師最喜歡的學生。我們不在乎你有沒有最棒的衣服，或最多的神奇寶貝卡片，或最酷的小玩意兒。我們就是不在乎。

我們送你上學，完全不是爲了讓你在哪個領域變成第一高手。我們傾注一切愛你。你不必做什麼來贏得我們的愛或自豪，你也不會失去我們的愛。這已經是定局。

我們送你上學，是讓你去學習實踐勇敢和仁慈。

看她多麼清楚地告訴兒子，父母希望他能體認到每個人都有慈悲的責任！她讓兒子知道，她和她先生重視的是他身爲人類的作爲，而不是他可能會贏得的競爭。他們爲他建構貨眞價實的自我價值感，那不是任何外在成就或「你好棒」能給他的。

多數人都會受到跟自己相似的人吸引，但這樣會錯失結識其他類型的人的機會，而這些人或許能讓我們的生活豐富許多。

我們都知道旅行可以拓展心智，但毋須搭飛機，照樣能幫助孩子明白自己是這個世界的一個公民，而這個世界是由形形色色的眾多人類同胞構成的。跟來自異國的人一起用餐，或是就近到有不同文化的人聚居的地區探索；跟計程車司機聊聊天；問問幫你修車的技師，他一身功夫是怎麼學來的。只要我們花時間聆聽，每個人的生命都可能精采絕倫，人人都有故事可說。最能培養慈悲心和慷慨寬容的，莫過於實際與人接觸了。

讓孩子親近長輩，向長者學習人生智慧

就在不久前，兒童成長的環境裡還有各種年齡層的人，從新生兒到耄齡老者都有，出生和死亡都是司空見慣之事。長者受到尊重。尊敬年紀比你大的人、聽他們的故事、尋求他們的智慧建言，都是理所當然的。

時至今日，家庭成員散居各地，相隔遙遠，我們的社會則將老人送進安養中心，通常都交給陌生人照顧。

我覺得這很可嘆且可悲。我們的社會付出難以估計的代價拋棄老人，但孩子真的

在一個崇尚青春而恐懼老化的文化中，重視長者可以幫助孩子了解衰老是人生的一部分，用不著退避三舍。

需要坐在長輩跟前。當然，有些上了年紀的人狀況太糟，無力提攜或引導別人。但多數的長者是充滿智慧和洞見、能啓迪人心的金礦。

跟這些活了一把年紀、閱歷豐富的人相處是無價的。養老院裡住著了不起的人物，他們的身體或許有毛病，腦筋卻依然敏捷犀利。必須有人告訴孩子，他們的長輩曾經跟他們一樣是年輕人。他們也會跳舞、會交際享樂、戀愛、心碎。他們有的是精采故事可說。

我有一群八、九十歲的朋友，他們讓我的生命大大繽紛起來。就像在直升機上可以看到較寬廣的天地，老人家可以從遠遠比我開闊的觀點分享智慧，只因爲他們的人生經歷比我多。這些年長的朋友給我的愛和支持是無價的。

抽時間與祖父母相處，如果你的祖輩都不在了，那就認養一、兩位吧。沒錯，孩子可能會在聽到那個之前已聽過十遍的故事時埋怨或翻白眼，但在一個崇尚青春而恐懼老化的文化中，重視長者可以幫助孩子了解衰老是人生的一部分，用不著退避三舍。

當我們協助孩子認識周遭圈子以外的人，他們比較會自然而然地明白自己和其他的人類同胞是互相依賴的，包括同一條街上的人以及在地球另一端的人。

要讓孩子成為有自覺、有自信、關懷別人的成人，他們需要知道自己能帶來改變，能改善別人的生活。

鼓勵孩子走出舒適圈，參與志工服務

我們一天到晚跟孩子說他們能做什麼、不能做什麼，令他們覺得自己凡事都無能爲力。要讓孩子成爲有自覺、有自信、關懷別人的成人，他們需要知道自己能帶來改變，能改善別人的生活。以下是兩個孩子的故事，他們同情在世界另一端同齡小孩的悲慘處境，於是決定設法幫忙。我寫出他們的故事，不是因爲我們應該努力教導孩子發起人道運動，而是鼓勵你拓展想像力，協助孩子關懷引起他們注意的事情，讓孩子可以蛻變成他們注定要成爲的那個獨一無二的人。

兩個過著奴役生活的小男生照片，令八歲的薇薇安·哈爾挺身而出。她決定開設一個檸檬水的攤位來募款，連續營業三百六十五天，風雨無阻。目標是籌到十萬美元，以協助終結童奴。在第五十二天時，《紐約時報》記者、曾得過兩次普立茲新聞獎的紀思道，發布了薇薇安的消息，於是「她的一刻變成一個運動」。薇薇安達成目標，捐了十萬一千三百二十美元給反奴役的龍頭組織「恕不出售」（Not For Sale）。

當她的父母說：「親愛的，你辦到了。大功告成。」薇薇安說：「沒有童奴了嗎？」他們搖頭。「那我就還沒完成這件事。」現年十歲的薇薇安因爲創辦「堅定立場」（Make a Stand）組織，「一個社會影響力品牌，支持其十歲創辦人對一千八百萬童奴都能重拾自由平安的願景」⑭，催化了一場運動。

有人問薇薇安：「對於跟你一樣有夢想卻不知道該怎麼做的小朋友，你會給他們什麼建議？」她回答：「有心就做得到。我保證，年紀不用很大，也不必很強，就能改變世界。你可以和我一樣。」

薇薇安的父母當初大可向她解釋她的情操很感人，但童奴問題很複雜，這是大人的事。他們是在重視慈愛及關懷別人的家庭裡養育女兒的。（薇薇安發願做這件事，是因爲藝廊開幕式上的童奴照片深深打動了她母親。）之後，他們只是支持女兒們改善世界的心意。

國際慈善機構「釋放兒童」（Free the Children）激發了超過兩百萬名青年，以務實的行動改善世界。這個組織的起源是克雷格·凱伯格（Craig Kielburger）在一九九五年偶然看到一則關於東南亞男童伊克寶（Iqbal）的報導，他四歲被賣爲童奴，隨後六年都被鍊在一具織地毯的機器上。想阻止伊克寶發聲的人也看到了媒體報

---

⑭ Make a Stand 網站：www.makeastand.com。

導，結果伊克寶十二歲時便因爲替兒童權利發聲而喪生。克雷格看了伊克寶的故事以後，號召一群同學成立「釋放兒童」。當時他十二歲，他的同學跟他一樣都是七年級學生。

「我們日」（We Day）是爲參與「釋放兒童」行動的青少年在十四個城市舉辦的全天熱鬧活動，小孩不能購票參加這個活動，只有投入服務計畫的孩子才能去。幾萬個年輕人和支持者每年都這麼做。講者包括戴斯蒙·圖圖大主教、珍·古德博士、美國著名歌手珍妮佛·哈德森、魔術強森。參與「我們行動」（We Act）的年輕人，已貢獻一千四百六十萬小時的志願服務。長期研究已發現參加過這些服務計畫的人，一年從事一百五十小時以上志願服務者占百分之八十，捐款給慈善機構的有百分之八十三，在二〇一一年加拿大的聯邦選舉投票率是驚人的百分之七十九（一般民眾則是百分之五十八）。

我希望這些故事能夠激勵你，設法讓孩子參加「我們日」和「堅定立場」之類的歡迎兒童的團體。苦於生活缺乏目標的青年是那麼多，他們需要父母幫助他們投入能激勵他們走出舒適圈的活動，找到目標感，同時和同儕一起歡樂。每個孩子來到這個世界時，都帶著天生的慈悲心。志願工作讓他們有機會在關懷別人之餘，體驗到有意義的感覺。

　　爲孩子示範如何不求回報地以雙手付出——讓孩子幫忙爲無法外出的鄰居做晚餐，再請他們把餐點送過去；到動物收容所幫忙洗狗；幫忙清掃公園；幫忙當地的學校除草；參加慈善馬拉松，在觀眾席加油打氣。在網路上找得到很多適齡的志願工作機會。美國記者兼作家瑪莉雅·史來佛爲她的一篇部落格文章下了這樣的標題：〈我們需要社會善意運動〉⑮。她的標語是什麼呢？**散播善意**。請散播善意吧！

爲人父母並非易事，盡力就好

　　我在這幾章談了一些我認爲可以幫助孩子成爲有自信、有慈悲心的成年人的重要特質，不料自己卻鬧起了小型的信心危機。我瘋了嗎？竟然說父母可以在孩子面前呈現這些美德？更別提還要教孩子這些了。誰可以誠實、而且負責任、而且包容、而且有同理心、而且心懷敬意？光是爲人父母本身就夠難了．我是不是只讓父母們覺得自

---

⑮ Maria Shriver, “We’re in Need of a Social Kindness Movement,” 網誌貼文，二〇一四年八月十七日，http://mariashriver.com/blog/2014/08/were-in-need-of-a-social-kindness-movement-maria-shriver/。

己更失敗了？

眞相是，爲人父母難如登天，因爲親職要求我們體現自己可能還不具備的特質。爲人父母所需的耐心，我們不見得隨時都有，尤其在我們心力交瘁的時候。就像那些描述兒童角色突然擁有成人身體的電影（譬如《飛進未來》），我們經常完全沒有準備好承擔做孩子榜樣所需的責任、成熟、無私。

我是這樣化解信心危機的：我醒悟到成爲父母需要不可思議的勇氣。每天，我們起床都可能碰到孩子爲了鞋子生氣，或是火爆青少年可能會擺臭臉。必須要有勇氣才能爲人父母，也沒有能讓我們勇氣十足的萬靈丹或魔法藥丸。我們只能一步一腳印，盡力做到最好。

希望各位在閱讀這幾章時，只要讓我分享的概念成爲你潛意識中的種子就好。我最不樂見的是各位因爲不夠誠實、不夠負責任、不夠有慈悲心，就覺得自己沒有盡到爲人父母的本分。

盡力就好。要寬容。犯錯。摔跤。再爬起來。尋求勇氣。萬一你找不到勇氣，就祈禱或請朋友支援你。每次都是撐一天就好。請對自己仁慈。

屬於你的練習

你可以怎樣引導孩子主動投入志工工作？

大多數人類天生就有慈悲心。我們會同情奮力掙扎的人，並希望能減輕他們的痛苦。但被苦難挑起短暫的關切之情是一回事，付諸行動則是另一回事。

我們都是大忙人。在一個普通父母的生活裡加進小孩的事，就幾乎令他們沒有時間坐下來吃一頓像樣的飯，遑論安排讓小孩回饋別人的行程。

儘管如此，當我們發揮想像力，往往能找到可以讓我們覺得眞正對別人生命有貢獻的計畫，並跟孩子一起參加。

想想能打動你的項目，諸如動物、藝術、殘障人士、熟齡人口、政治、老兵、讀寫能力、環境、遊民、飢餓等等。想想你的孩子，最能自然而然吸引他們的需求或項目的是什麼。或是想想什麼能點燃你的熱血。小孩常因爲父母對某個議題充滿熱情，而跟著參與志願工作。

在記事簿裡寫下你和孩子可以抽出一點時間回饋社會的一、兩個方法。也許是組裝聖誕包裹給貧苦家庭，或是寫信給海外的部隊。也可以是帶你們家的狗狗造訪輔助生活型（assisted living）住宅中心，或志願擔任有閱讀障礙的孩子的家教。能做的事無限多，爲喜歡聽人念書的老年鄰居服務，就是回饋社會了。

請你跟我這樣做 ➤ 日常教養的實際應用

※應該讓我極度敏感的兒子當志工嗎？

問題：我的孩子很能感受別人的痛苦，也很容易操心。我喜歡跟他一起當志工，但事後他總是瀕臨崩潰。當我們在節日幫忙為遊民供餐，他便擔心我們家人會變成遊民。他的學校裡有個在做化療的媽媽，當我們幫她帶小孩，他滿腦子只想著自己的媽媽會不會得癌症。我覺得助人真的令他很快樂，但別人的痛苦卻會淹沒他。

建議：啊，這些可愛、敏感的孩子，他們的過濾器是那麼稀薄，對他們來說，聲音更大聲、光線更明亮、感受也更強烈。

我輔導過很多極端敏感的孩子，每次都發現讓這些孩子做起來最愉快的志願工作，是比較不涉及痛苦和悲劇的。考慮讓你兒子為不能出門的鄰居服務，也許幫院子除草或遛狗之類。他或許會喜歡志願到你們當地的托兒所陪小朋友玩。如果你兒子喜愛大自然，他可能會想幫忙你們當地的公園修復步道。

我們不能只讓孩子待在防護罩裡面，這不符合他們的福祉。我們必須一點一滴地讓孩子認識到許多地球同胞的生活眞貌，即使眞相錯縱複雜且不堪。但我們可以尊重孩子高度敏感的特質，避免他們被哀愁和焦慮壓垮。

看看依蓮・艾倫的《孩子，你的敏感我都懂》，或許對你有幫助。艾倫說，在每個人類和動物族群，約百分之十五至二十的成員是偏向衝動的那一端[16]，約百分之十五至二十的成員則是偏向高度敏感的那一端，兩者都是維繫族群命脈不可或缺的類型。衝動者促使族人探索新的疆域，敏感者則指出可能被忽略的危險，諸如樹幹上幾乎看不出來的抓痕，代表附近可能有熊出沒。別放棄尋找讓你的小傢伙貢獻一己之力的方法，但要審慎對待他敏感的性情。

※ 如果我們就是很在乎兒子的成績呢？

問題：我喜歡你引用的那封給卻斯的信，但我太太和我眞的很重視兒子的成績是不是A、有沒有在科學展得獎。你不覺得鼓勵下一代追求卓越很重要嗎？

建議：那當然！當我們知道自己拿出最佳表現，一定會很開心。問題是，如果孩子長大以後一心只想贏得別人的認同，那麼就算孩子打從心底知道自己表現優異——即使別人都沒注意到——也不會感到滿足。

我們的文化極度重視外在、重視成就。沒錯，這是競爭激烈的世界，積極進取、有毅力的孩子，表現會超越不積極的孩子。但如果孩子認爲我們最關心的是拿A或擠進優等學生名單，他們或許會忽略那些不容易評量或得到肯定的成就。

我發現當孩子學會了自我參照（self-referential）——意思是他們會檢視自己對一件事的感受，而不是反射性地依據別人的反應來判斷自己表現得好不好——他們的內心會強壯很多。這些孩子比較清楚自己相信些什麼，不太會被同儕牽著鼻子走，也比較願意做正確的事，即使那不討喜。

幫助你的孩子發掘辛勤耕耘的喜悅，這一點都沒錯；但讓孩子知道即使沒有得到獎賞、金色星星或獎盃，盡力而爲並且展現最棒的自己，本身就很値得。

⑯ Elaine Aron, *The Highly Sensitive Child: Helping Our Children Thrive When the World Overwhelms Them* (New York: Harmony, 2002), 5.

※有辦法教孩子喜歡志願工作嗎？

問題：我的小孩對志願工作或助人似乎毫不感興趣。學校規定他們要做社區服務，但我的小孩都儘量挑做起來最快速、最簡單的工作。他們不是壞孩子，只是非常自我中心，即使每學期只做幾小時回饋地方的服務，他們仍然覺得不公平。對於沒辦法自然而然同情別人的孩子，眞的能教他們展現慈悲心嗎？

建議：我對社區服務計畫的心情很矛盾。整體而言，我認爲那總比沒有好，但我同意你不能規定一個人和善待人，或逼迫一個人對別人懷抱善意。這些都是在我們了解大家同舟共濟之後會出現的內在意識狀態。

找出你們可以全家出動一起做的活動，而且要自然一點的活動。很多小孩喜歡動物，或是在較年幼的小孩之間做「大孩子」時，會覺得自己很特別。志願到捐贈食物給收容所的社區菜園幫忙，或志願幫忙募款活動。你愈把助人變成日常活動，每個月也許就幾小時，你的小孩就愈不會對要助人這件事埋怨。

有個馬里布的十七歲高三學生伊凡來找我諮商。這些年來，我斷斷續續輔導過他，因此他很駕輕就熟地一屁股坐下，立刻開始誠實地說出他內心的掙扎。他說儘管他擁有美好的生活，想要的物品大致上都有，他卻很抑鬱。他說自己成績一流，有很棒的女朋友，是運動明星，還可以自由使用父親的信用卡。但他活得很消沉。

伊凡說某科老師曾經要他們計算自己一週的現金消費，這是他們的作業。他很驚訝地發現自己一星期竟花了超過一千美元。「我醒悟到自己的生活都在買東西，或是跟朋友廝混，或是講電話，就怕我錯過了什麼。我做的事都是爲了自己。」

我問他做過什麼令他覺得有意義、有目標的事。他默默坐了一會兒，然後說：「沒有。」

我們談了各種處理抑鬱的方式，但他最想探究的是如何讓他的生活有意義。諮商結束時，他的心情好多了。伊凡眞的躍躍欲試要過不那麼自我中心的生活，先從簡單的積極參與家庭生活開始，不再只是接受父母的慷慨。

希望你可以找到愉悅滿足的方式，把爲人付出變成家庭生活的一部分。讓孩子知道自己舉足輕重，對孩子來說眞的很重要。

第九章

培養孩子調適壓力和挫折的能力

在宜人的午後跟一隻狗坐在山坡上就是重回伊甸園，

在伊甸園裡無所事事並不無聊——而是平靜。

——捷克作家　米蘭・昆德拉

> 現在的孩子背負著沉重的壓力，被鞭策著在學校拿好成績，在課外活動令人刮目相看，經營複雜的人際關係，擠進好大學，找到好工作。

對有些人來說，童年是懶洋洋的、帶著南方的悠緩風情，生活就是探索山林野地、漫無目標地騎單車、在戶外玩到天黑。我們用土石建造城市，把冰箱的包裝紙箱改造成城堡和宇宙飛船。當然也有受虐和缺乏照顧的兒童，那是看似田園牧歌般生活裡偶爾會出現的悲哀祕密。但在那個距今不太遠的年代，兒童的日常生活跟現在不一樣，我們那時的生活沒這麼匆忙。

現在的孩子背負著沉重的壓力。他們被鞭策著在學校拿好成績，在課外活動令人刮目相看，經營複雜的人際關係（包括實際生活的和網路上的），競爭擠進好大學，找到好工作。

二〇一二年發生過一樁涉及一百二十五位哈佛學生的作弊醜聞。密西根大學的一項研究指出，百分之十的高二學生和將近八分之一的高四學生，承認利用非法取得的處方藥「念書藥」（study drugs）來應付功課[17]。根據《青少年健康學刊》（*Journal of Adolescent Health*），多數青少年的睡眠時數比建議的健康時數至少短了兩小時。

美國心理學會曾委辦一項以「在美國的壓力」[18]爲名的研究，研究發現，百分之三十的青少年宣稱壓力大到他們覺得被壓垮、抑鬱、悲傷，將近百分之二十五說他們因爲壓力而沒吃正餐，幾乎三分之一的青少年表示壓力常令他們瀕臨落淚。過去六十年來，十五歲至二十四歲的男性自殺率增爲四倍，同齡女性爲兩倍。十歲至十四歲的自殺率從一九八一年到二〇〇六年間，提高了超過百分之五十。

美國兒科學會發布一項研究指出[19]，皮質醇、腎上腺素等壓力賀爾蒙可能長期影響青少年的身體，可能促使他們成年後出現心血管疾病、氣喘、病毒性肝炎、自體免疫疾病。壓力也可能使身體釋出化學物質，干擾正在成長的大腦神經網絡發育，並且抑制正在成長的大腦長出新的神經元。

這些統計數字的活生生例證，常常出現在我的諮商室。父母帶一直說要自殺的八

---

⑰維琪．埃伯爾（Vicki Abeles），〈越線：激烈的學業競爭如何令我們的孩子生病〉（Crossing the Line: How the Academic Rat Race Is Making Our Kids Sick），《哈芬登郵報》，二〇一四年五月十九日，http://www.huffingtonpost.com/vicki-abeles/education-stress_b_5341256.html。

⑱“Stress In America”，美國心理學會（American Psychological Association），二〇一三年，http://www.apa.org/news/press/releases/stress/。

⑲傑克．肖考夫與安德魯．嘉納（Jack P. Shonkoff and Andrew S. Garner），〈幼年逆境與有害壓力之終生影響〉（The Lifelong Effects of Early Childhood Adversity and Toxic Stress），《小兒科》（*Pediatrics*）（二〇一一年十二月二十六日），Pediatrics.aappublications.org/content/early/2011/12/21/peds.2011-2663.abstract。

> 孩子需要知道，我們要他們以好奇心、興奮、熱血去生活。人生在世就是要享受生命，而不是來又推又擠地闖過生命的。

歲小朋友來找我。十四歲的孩子利用割傷自己來平息焦慮和不快樂。寢食難安的孩子們是退縮的，淚眼汪汪，或害怕獨自一人。我看到被霸凌的孩子、會欺負人的孩子、考試作弊的孩子、經常以喝醉來麻痺痛苦和生活壓力的孩子。眞令人心疼啊！童年稍縱即逝，我們的下一代應該在這短暫的時光裡探索世界、摸索待人處世之道、發掘天賦、攀爬、跳舞、玩音樂……開開心心的。

孩子會看重哪些事情，深深受到爲人父母者所影響。如果我們教導孩子我們最在乎他們的外在成就，他們自然會尋找拔得頭籌的捷徑——考試作弊或犧牲睡眠。然而，孩子需要知道的卻是，我們要他們以好奇心、興奮、熱血去生活。人生在世就是要享受生命，我們不是來又推又擠地闖過生命的。

作家潔寧．羅絲（Geneen Roth）曾採訪過許多理財顧問，每一位都告訴她，他們的每個客戶在達成最初的財務目標後，就提高標準，追求更高的標的。不論他們得到多少錢，一旦入帳，他們就覺得還不夠。他們最後總是想要更多。

與孩子建立親密的情感依附

壓力的一大來源是孤立或失去連結。麥可．普來斯在採訪《集體孤獨》（*Alone*

Together）作者雪莉．特克（Sherry Turkle）後寫道：「現在是史上人類連結最密切的時候[20]，這是拜使用網際網路的社群網站及簡訊之賜。但人類不上線時的生活卻也更寂寞且與人更疏離。這不只改變了我們在線上的互動方式，也耗損了我們的人際關係。」

特克告訴普來斯：「當青少年告訴我，他們情願傳簡訊也不要講話，他們展現了新科技另一個層面的新心理功能——彼此隱藏的可能性。他們說講電話會暴露太多，實際對話時不能隨心所欲地控制自己說的話。」

小孩走出學校，看到父母低頭盯著智慧型手機。以前的男孩跟爸爸看運動比賽時，會在運動員兩次出招之間的空檔跟爸爸聊天，現在則得等爸爸查完電子郵件後再說。媽媽趁著小傢伙吸母乳或奶瓶時傳簡訊，稀釋了這種原始、親密接觸的情感交流。此外，如果媽媽收到了會引發焦慮的訊息，她緊繃的情緒會傳遞給寶寶，寶寶會

---

⑳ Michael Price，〈在人群中孤獨：雪莉．特克說社群網路侵蝕我們在離線後自在生活的能力〉（Alone in the Crowd: Sherry Turkle Says Social Networking Is Eroding Our Ability to Live Comfrtably Offline），《美國心理學會》第四十二期第六卷（二〇一一年六月）：二十六頁，www.apa.org/monitor/2011/06/social-networking.aspx。

覺得是自己與媽咪的關係變得緊繃，而不會想到問題其實來自外界。

雅莉安娜·哈芬登在《從容的力量》一書中提到以下的故事：「我母親在世最後一次生我的氣[21]，是因爲她看到我一邊看電子郵件一邊跟孩子說話。她說：『我厭惡一心多用。』她的希臘腔令我的行爲無地自容。也就是說，以浮面的方式與整個世界連結，會阻礙我們跟最親密的人建立深刻的連結，包括我們自己。而這種連結正是智慧所在之處。」

情感連結有助於預防壓力。最能捍衛孩子的，莫過於跟親人的眞實連結。在前一部著作中，我詳細介紹了戈登·紐菲爾德（Gordon Neufeld）博士所描述，孩子在人生前六年經歷的六個情感依附階段。我們可以透過這六個進展階段，爲孩子提供生命中最強的壓力抗體之一：健康的情感連結。

新生兒透過「親近」展開依附的旅程，從我們的氣味、碰觸、嗓音與我們建立連結。差不多兩歲時，我們的小小孩想跟我們一樣，這是「一致性」階段，可促使孩子習得語言。下一階段是「歸屬感」，或稱「忠誠度」，你會看到三歲小孩推開媽咪大腿上的弟弟妹妹，占有欲十足地宣告：「媽咪是我的！」我們的孩子到了四歲左右，當我們肯定並讚賞孩子是獨一無二的，便能在這個名爲「重要性」的階段強化孩子的

> 與健康的至親擁有持久、可靠的依附關係的孩子，調適生活壓力的能力會好很多。

依附。情感連結在五歲左右會更深入，因爲孩子會在「愛」的階段開始獻出他們幼小的心。如果一切順利，從六歲起，我們就在「被了解」的階段繼續發展深厚的依附基礎。我們向孩子闡明我們有能力傾聽眞話，不論孩子面臨什麼淒風苦雨，我們都會以冷靜的船長之姿提供支持。

與健康的至親擁有持久、可靠的依附關係的孩子，調適生活壓力的能力會好很多。作者約翰·哈利引用研究報告㉒，主張上癮症是喪失連結的結果，而不只是化學。「如果我們不能跟彼此連結，就會跟任何能到手的東西連結——旋轉的賭博輪盤或注射的針頭。」他引述彼德·柯恩（**Peter Cohen**）教授的話：「我們應該全面停用『上癮症』，改稱爲『情感連結』。海洛因上癮者與海洛因建立情感連結，是因爲不能

㉑ Arianna Huffington, *Thrive: The Third Metric to Redefining Success and Creating a Life of Well-Being, Wisdom, and Wonder* (New York: Harmony, 2014), 8.

㉒ Johann Hari，〈學界發現上癮症的可能原因，而且真相跟你想的不一樣〉（The Likely Cause of Addiction Has Been Discovered, and It Is Not What You Think），《哈芬登郵報》，二〇一五年一月二十日，http://www.huffingtonpost.com/johann-hari/the-real-cause-of-addicti_b_6506936.html。哈利著有《追逐尖叫：向毒品宣戰的歲月》（*Chasing the Scream: The First and Last Days of the War on Drugs*）。

在遇到意外時展現應變的柔軟身段，能幫助孩子知道在等待局勢明朗的渾沌不明中，他們也能做個包容的人。

跟其他事物那麼全面地連結。』」哈利接著說：「上癮症的反面不是戒斷後的清醒，而是人類連結。」

總是會有跟父母很親密卻仍在逆境中苦苦掙扎的孩子，但一般而言，對慈愛的父母或照護者有情感依附的孩子，在減輕生活壓力上占了很大的優勢。

坦然接納突如其來的改變和不確定性

人生最確定的事之一，就是凡事都說不準。我們愈能坦然接受自己不能掌控每件事的事實，在生命出現意外變化時就愈不會覺得孤立無助。在遇到意外時展現應變的柔軟身段，能幫助孩子知道在等待局勢明朗的渾沌不明中，他們也能做個包容的人。

記得有一次我跟當時十五歲的兒子坐在奈洛比的機場裡。那是半夜，我們剛得知不能登上前往澳洲的班機，因爲航空公司不認可我們的電子簽證。亞力開始緊張了起來。我們在奈洛比不認識半個人，還花了將近二十四小時才從坦尚尼亞抵達奈洛比，而班機起飛的時間就快到了。儘管我很關切我們的情況，仍盡力保持放鬆，因爲我知道我處理這件事的態度，很可能會影響兒子日後處理類似情況的方式。

我提議我們安然擁抱最糟的情況。我們討論不能登機的話可以做些什麼，提醒自己就算必須在奈洛比多待一、兩天等傳統的簽證核發下來，照樣能平安脫身。

就在我們的班機即將準備起飛時，航空公司收到澳洲領事館的傳眞，於是我們獲准登機。這時，我們已經很確定即使不能搭機，也只不過會有幾天跟原訂計畫不同罷了，我們照樣會平安無事。

但協助孩子不是只關乎教導他們如何在不如意時調適自己，還關乎將喜樂融入他們的生活中。

用笑容與歡樂擊退壓力

據說四歲小孩通常每天笑三百次，四十歲的人只笑四次。諾曼・卡森斯（Norman Cousins）在他的里程碑著作《笑退病魔》（*Anatomy of an Illness*）中說，光是看十分鐘無厘頭喜劇祖師爺「馬克斯兄弟」的影片，就減輕了他關節的疼痛和發炎，讓他能睡上幾個鐘頭而不發疼。

笑會減少壓力賀爾蒙，提高腦內啡，改善流向心臟的血流，天然的殺害病毒的細胞會變多，讓我們更能防範疾病。笑會提振我們的心情和態度，鞏固人與人之間的感情。

笑與歡樂是擊退壓力的好方法。安・拉莫特（Anne Lamott）說：「笑是含二氧化碳的神聖。」音樂也是讓我們走出頭腦、進入內心的妙法。試試在早上帶孩子散步時，播放〈眞是美好的早晨啊！〉；或是在你們一塊踩著舞步去吃晚餐時，播放菲瑞・威廉斯（Pharrell Williams）的〈快樂〉。稍微改變狀態，一切就大不相同。第十一章有如何增加日常生活樂趣的點子。

我們的人生態度可以造成或消弭孩子的壓力程度。有時，我們並不容易知道幾時應該鼓勵孩子以逆境砥礪自己，幾時又該教導他們放棄一件事，並記取人生的教訓。但就如同親職的每個層面，父母如何面對自己生活的每一次波折，都會影響孩子如何面對他們自己的阻礙。

拐個彎，孩子一樣能抵達想去的所在

激發孩子在老是無法成功時再接再厲是無價的。一定要建立孩子的內在資源，如此，當他們遇到放棄比較省事的情況，才有支撐他們繼續突破各種阻礙的內在力量。但滿懷熱血、喜悅地追求夢想，跟強求無望實現的事是兩回事。孩子需要了解，當他們不能實現自己期望的目標，他們可以換個做法，或是在追尋的路上暫停腳步，或者是放棄。沒能實現預定的結果不是失敗，失敗也不致命。跟跟蹌蹌，磕磕絆絆，摔跤，經常就是我們抵達目的地的過程。

跟跟蹌蹌，磕磕絆絆，摔跤，經常就是我們抵達目的地的過程。

讓孩子明白儘管我們或許會有偏好，但當生命沒照著計畫走時，我們依然可以保持平靜。當你聽到自己錯過航班的消息，你的孩子會看到你怎麼回應？你開始責怪別人嗎？當你得知你的車需要大修，孩子看到你做了什麼？是咒罵和跺腳嗎？發生意料之外的事情時，要清楚展現你能夠隨機應變。讓孩子聽到你問：「五年後——或兩天後，這還會是個問題嗎？」讓孩子看到你從大局看待這些不順遂，他們就會傾向效法你。但如果你認爲事情一定要照著你的心意走才行，你將會感到無力，而無力會導致壓力。

有的人相信我們實在太溺愛孩子，凡事替孩子代勞，全面預防他們遇到生命裡免不了的碰撞瘀青。幾年前傳出一個故事，一個大學生發現宿舍起火，她沒打電話報警，卻打給媽媽問怎麼辦。當然，直升機父母也頗有可議之處，他們焦慮地守著孩子，確保孩子的數學考卷每一題答案都正確，或是因爲孩子沒有受邀參加一場生日派對，就打電話給孩子的朋友「修正一項疏忽」。但溺愛和栽培不一樣。溺愛體現的是父母自己的焦慮，因爲我們無孔不入地控管孩子的體驗，希望我們不會看到他們憂慮或不快樂。栽培則是愛的行動，涉及了與孩子連結，慈愛地了解孩子的情況。

現今孩子的壓力大得出奇，隨著壓力程度節節升高，我們需要幫助後生小輩培養優良的調適策略。

留意孩子的壓力

如果孩子持續出現承受壓力的徵兆，或壓力的表親——焦慮和抑鬱，請不要閃避。務必讓孩子明白，不論遇到任何事，都能告訴你眞話。在我的線上工作坊和訓練課程，我都會投注很多時間輔導家長們，以免他們向孩子發出錯亂的訊息：「你什麼事都能告訴我。等一下，你做了什麼?!你完蛋了！」

當我們對孩子說，有什麼憂慮或壓力儘管找我們商量，孩子會試探我們是不是眞心的，然後透露細微的不滿，瞧瞧我們是否眞的有能力傾聽他們的遭遇。我們會是自信、冷靜的船長嗎？還是會在孩子吐露苦惱時激動不已？

想讓孩子在面臨難關時有能力應付壓力、重拾平衡，我們必須做好份內的功課，才能誠實地告訴他們：「親愛的，不論你遇到什麼狀況，我都在這裡，我會幫忙你度過難關。」

> 想讓孩子在面臨難關時有能力應付壓力、重拾平衡，我們必須做好份內的功課，才能誠實地告訴他們：「親愛的，不論你遇到什麼狀況，我都在這裡，我會幫忙你度過難關。」

正念練習，幫助孩子平息情緒風暴

「妹妹穿了我最愛的毛衣，我就撕掉她的作業。我氣死了！」

——卡洛琳

「我的腦子會講讓我很擔心的話，像是我會搞砸口頭報告，然後每個人都嘲笑我。我沒辦法讓思緒停下來。」

——大衛

「我在線上看到朋友到別人家過夜的照片，可是我沒有受到邀請。最後，我就割傷自己的腿，我覺得自己被撇下了，我很難過。」

——蒂芬妮

「我沒拿到全班最高的成績，心情糟透了。我坐進媽媽的車，開始對她大吼大叫，然後開始哭。」

——亨利

正念是帶著好奇心，以不批判的覺知，將注意力放在當下的事情上。

這會兒應該很清楚，不是只有成人才會有長期的沉重壓力。學習在生活不如意時的自我調整策略，可嘉惠青少年乃至幼童。從改善情緒管理到衝動管理，教導孩子怎樣放慢腳步，重新與當下這一刻連結，對於孩子在現在及成年以後活出快樂人生，將很有幫助。

瑪格麗特是一位老師，她任職的學校採取教導每個學生「正念」的教學方針。她看到三年級學生練習正念的成效良好，便決定跟七歲的兒子一起試試看，她兒子剛被診斷出注意力不足過動症。「我買了一個冥想鈴，在就寢前，我們會閉上眼睛，搖一搖鈴，一邊聽著鈴聲消退，一邊想像自己飄浮在雲朵上。有時，我會在他很氣弟弟的時候，聽到他在樓上搖鈴讓自己平靜下來！」她接著告訴我，就跟她班上的學生一樣，她兒子變得比較專注，沒那麼煩躁了。「正念練習只需要幾分鐘，就給這些孩子帶來顯著的效果。」

「正念」這個詞吸引了各年齡層、性別、人口族群。簡單說，正念是帶著好奇心，以不批判的覺知，將注意力放在當下的事情上。艾克哈特·托勒則偏愛使用「臨在」一詞：「正念（mindful）似乎暗示心智（mind）是滿的（full）[23]，事實卻恰恰相反。」也有人稱之爲「正心」或「提高的覺知」。基於本書的宗旨，我要用「正念」一詞來代表靜定而不胡思亂想的覺知，不論外在事件如何引發焦慮或壓力，我們都能憑著這份覺知，深深地安住在表象之下。這些練習是透過感官，即聽覺、感覺、呼吸來錨定在當下，不再迷失於過去或未來的思緒中。

正念協助孩子停止不假思索地回應壓力，因而較能彈性處理問題。孩子也會比較不隨著自己的思緒起舞，因爲正念讓孩子明白，思緒就只是思緒，一如天空廣闊無邊，不會因爲有雲就受到擾亂，我們也不必被每一朵浮現在覺知中的思緒之雲牽著走。思緒來了，停留一會兒，就又消散了。

正念教師向孩子示範這個概念的方法之一，是在罐子裡裝水和沙子或小蘇打，蓋上蓋子，然後請孩子搖晃罐子，觀看罐子裡的「風暴」。罐子的內容物靜止下來後，孩子看到沙子或小蘇打沉落在罐底，水則恢復了清澈。我們心智的寫照大致也是如此——安靜片刻，思緒的風暴就平息了，我們便能比較覺察地思考和行動。

在傳授正念的家庭和學校裡，孩子較能調適挫折。此外，孩子通常比較有慈悲

㉓ Eckhart Tolle，「智慧 2.0」（Wisdom 2.0）演講，舊金山，二〇一四年二月十五日，www.youtube.com/watch?v=foU1qgOdtwg。

心、樂意合作和有耐心。浮躁的孩子較能安然接受自己。飽受焦慮煎熬的孩子發現儘管自己經常爲了眞實或幻想的威脅而擔憂，在當下這一刻，危險並不存在。正念幫助他們在原本可能崩潰的時刻，重拾情緒的平衡。

正念被應用在各種情境中，且效果卓著。洛杉磯湖人隊的前任籃球教練菲爾・傑克森十一度帶領球隊在NBA奪冠，他認爲這些戰果有一部分是因爲他使用正念練習。他會要求球員靜靜坐著建立精神的韌性，甚至是完全禁語的靜默日。在場上打得很不順的球員，可以坐在板凳上做正念練習來整理心神。眾議員提姆・萊恩等人推廣老兵的正念課程，使得老兵們的創傷後壓力疾患症狀顯著減輕。監獄開始使用正念來療癒並改變囚犯的人生，預防犯罪，並減少累犯。

超過六千位教職員、三千位家長、四萬名學生進修過琳達・蘭提里（Linda Lantieri）的「內在韌性課程」（Inner Resilience Program）。她開設這個課程，透過靜心冥想、瑜伽、抽空做內在修練及反省，幫助紐約市教師調適九一一事件後的精神創傷和疲憊。「因爲我們對外的全部準備工作都可能瓦解[24]，但我們內心的東西不會崩壞。內在的東西無論如何始終都會存在。」

我教導孩童和他們的父母做簡單的正念練習，結果相當成功。附帶效益是，每個人都變得比較發自內心一點。

有一天，我輔導的個案是一位母親和她十五歲的女兒，但過程特別不順。媽媽試圖重申女兒打破的家規，女兒則散發出惡意和憤怒。我問她們：「兩位，我們暫停這場對話，重新來過，好嗎？」兩人都同意了。諮商室裡充滿濃重的緊繃氣氛，我們都需要暫停一下。

我請她們閉上眼睛，然後帶領她們做一個簡短的正念練習。首先，我請她們關注自己的呼吸，觀察感覺到氣息的部位——也許是空氣流過鼻孔或喉嚨後方，也許是胸部或肚子的起伏。一會兒之後，我請她們注意任何她們聽見的聲音。「也許是風吹過樹木，也許是從路上開過去的一輛車。你可能注意到時鐘的滴答聲，或只是你呼吸的聲音。如果你的注意力飄走了，輕輕地將心帶回來，去聆聽你周遭的聲音。」

這個練習我們做了約三分鐘。收尾時，我建議她們繼續閉著眼睛坐一會兒，準備

㉔〈從內而外：協助師生培養韌性〉(From the Inside Out: Helping Teachers and Students Nurture Resilience)，琳達．蘭提里個人簡介，Mindful.org，www.lindalantieri.org/documents/Mindful.OrgOct2014-From_the_Inside_Out_Helping_Teachers_&_Students_Nurture_Resilience.pdf。

好時再睜開。

我們一睜開眼睛看著別人，我立刻知道情況變了。她們都覺得內心安定許多且平靜——尤其是才幾分鐘而已，實在令人驚奇。從情緒的角度來看，諮商室裡的溫度涼爽多了。我們繼續討論時，她們各自的立場都比較開放，沒那麼僵硬呆板。

我帶領過六歲和六十歲的人做這個練習，總是發現僅僅是停下來，專注在聲音或身體感受或觀照呼吸，就能讓人回到內心，這是只叫他們放鬆或靜下心來所辦不到的。

每天跟孩子一起練習，而且最好在同一地點、在差不多的時間，這可以成為造福全家人的例行儀式。多數的正念練習都很適合小朋友，且容易施行。我在第十一章提供了幾個我最喜歡的實作練習。

孩子心靈的安全感，來自與父母的連結

法國作家賈克·路瑟朗在《於是就有了光》中寫到自己人生的挑戰，從童年突然失明寫起，包括引發了一場法國反抗運動，以及後來在集中營倖存。「我的父母就是庇護、自信、溫暖㉕。想起童年時，我仍會覺得暖意從上方、背後、四周傳來……我

穿越危險和恐懼，就像光線穿越鏡子。那就是我童年的喜樂，那是一旦穿上就能保護我一輩子的『魔法盔甲』。」

我們跟孩子建立的慈愛連結，真的可以在他們內心形成防護罩——永遠都是。

㉕ Jacques Lusseyran, *And There Was Light: The Extraordinary Memoir of a Blind Hero of the French Resistance in World War II* (Novato, CA: New World Library, 2014), 2.

屬於你的練習

你是個能讓孩子安心對你傾吐心事和困難的父母嗎？

你的孩子可以跟你說實話嗎？多數人一廂情願地相信孩子遇到困難時會跟我們商量，但我們常常讓孩子很難說出心事，我們的反應會讓孩子發現跟我們坦白他們面臨的事並不安全。

如果孩子跟我們說他考試作弊被逮，或是十四歲的女兒說她考慮跟男友上床，我們可能會大吼大叫、威脅或建議，暴露出我們其實招架不住令孩子苦惱不已的事實眞相。

想想當你的孩子說出你不想聽的事情時，你有什麼反應。你是冷靜開放嗎？發怒或開始給建議？你會試圖插手解決問題，不聽孩子傾吐他們的感受嗎？你會懲罰或脅迫孩子嗎？你是不是會終結對話，讓孩子覺得下次再遇到壓力沉重的情況，應該找朋友討論，而不是找你嗎？

這並不總是容易做到，但幫助孩子理解可以尋求我們支援，對於協助孩子航過任何造成他們生活壓力的狂暴海域，將大有助益。

在你的記事簿裡寫下當孩子在煩憂時向你求助，孩子在你面前的安全程度。當你提高覺知力，並且決心做個更冷靜的船長，你便愈能臨在地面對有壓力困擾的孩子。

請你跟我這樣做 ➤ 日常教養的實際應用

※我的青少年小孩把我們擋在心扉之外，我能怎麼幫他？

問題：我十六歲的孩子自從初戀女友跟他分手，就一直迴避家人。我知道他很傷心，我想讓他明白分手對他最好，將來他會有新對象，但他根本不理我。聽到你說情感依附對幫助孩子走過壓力很重要，我心裡很難受，因爲我們的感情連結嚴重斷裂。如果他在我們面前完全退縮，我們要怎麼幫他？

建議：我前面說過，當孩子向我們敞開心扉，我們的反應方式會讓孩子知道向我們透露生活點滴是否保險。如果我們的回應是下指導棋，或是氣惱他們那麼快快不樂，他們將學會守住自己的祕密，以免不但要處理自己的壓力，說不定還會因爲我們對他們的問題不高興，而多背負一份壓力。

重建情感連結需要耐心和時間，但不是不可能。儘管你十六歲的孩子正值脫離父母獨立的階段，這不表示你兒子不需要你。話雖如此，如果你帶著飢渴的心態撲向他，急切地想知道他生活的點點滴滴，或十萬火急地試圖讓他重拾快樂，他便會本能地退縮。

可以透過沒那麼咄咄逼人的小事來聯繫情感。也許你兒子會有興趣幫忙你攪拌新的甜點。也許你可以請他分享最近聽過什麼動聽的音樂。假如他眞的透露自己碰上的難題，不論多麼微不足道或雞毛蒜皮，都只需關心地回應他就好，不要拋出一連串的問題，或是滔滔不絕地給他建議。

關於依附的進一步資料請參閱第九章，或參考我 SusanStiffelman.com 的線上深度課程。

✳我女兒因為線上世界的事情心煩意亂，我能怎麼做？

問題：我女兒十四歲，她因爲朋友們在線上的遭遇而神經緊繃。我勸她遠離那些惱人的論戰，她說我不懂。結果，她有時候會因爲衝著她或她朋友而來的傷人貼文而失眠。

建議：線上世界的社交錯縱複雜，小孩幾乎不可能應付得了。或者可以說，這對父母來說也是未知的疆域。我們要如何設定界線或提供適量的督導，好讓我們的下一代享受網路天地而不迷惘、傷心、甚至備受煎熬？

讓你女兒知道你和她的想法一致——你無法體會對她來說，她的線上友情面臨多大的危機，但你想幫助她降低事態惡化時的衝擊。與其擅自給她建議（我把這稱爲「鬧場」），請你女兒說明你如何幫助她最好；讓她告訴你，她在苦惱時需要怎樣的支援。如果她只想吐吐苦水，就讓她吐苦水。當她發現你會聽她的心聲而不說教，就會比較願意讓你提出建議。

假如你能讓她信得過你，卸下她的心防，你要謹慎行事。流露出你的好奇——「你好像很氣別人嘲笑你的貼文。我想知道爲什麼你明明曉得只會看到傷人的留言，你還一直想查看你的頁面，你可以告訴我嗎？」或者，「親愛的，當其他小孩言語攻擊凱西的時候，你向他們撂狠話來捍衛她，我不曉得那是不是能幫上凱西的忙？如果你關掉電腦，直接打通電話關心她狀況如何，是不是更能安慰她呢？」

我想天底下的父母都是在茫無頭緒下，摸索著協助子女駕馭數位世界。第一步是明理。假如你女兒會到你們當地的聚會場所消磨時間，而她回家時身上總是有瘀青或哭泣，你會從根本解決問題，不會只禁止她踏出家門一步。幫助她覺得你和她站在同一陣線，而不是只想限制她玩樂的外來控管勢力。

※我要怎麼幫助完美主義的兒子？

問題：要怎樣讓孩子明白幾時需要全力以赴、幾時需要放手？我很高興十二歲的兒子凡事都全力以赴，但有時我希望他不要堅持功課一定要做到完美無瑕。他斤斤計較每個細節。六年級的功課就讓他壓力沉重了，我太太和我擔心他要怎麼應付中學的課業。

建議：有的孩子似乎天生就有完美主義的傾向。不管我們好說歹說，他們就是很難相信可以輕鬆看待他們重視的事情。但很多小孩似乎會模仿父母對追求完美的心理需求，由衷奉行要把不錯變成很棒、要把很棒變成超凡才行的信念。

告訴你兒子，你想知道當他就算累了或心力交瘁，腦子裡的聲音卻要他撐下去的滋味如何。「你知道自己表現得可圈可點，但你仍然不滿意，那是什麼樣的心情呢？」當你證明你想了解他的心情、體會他面對的處境，而不加以評斷或批判他，他或許會比較願意敞開心扉，遲早，就會比較聽得進你的開導。

你兒子也可能是對「認同」上癮，賣力博取老師的注意或讚美。假如是這種情況，看看有什麼其他管道，能給他跟這些特殊肯定一樣的滿足。想用出色的課業讓老師另眼相看並沒有錯，但如果這造成不必要的壓力，最好以其他方式解決他根本上的心理需求。

如果你覺得兒子接收了你或你太太的完美主義觀念，就要刻意示範平衡的態度。你做事的時候，讓他看到你宣告你應該可以做得更好，但做得不錯就夠了。歇一歇，收工，放手。希望他會看出儘管做事盡善盡美很可取，但什麼都不值得我們犧牲健康或身心安康。

第十章

改變思考習慣，感恩當下的美好

小豬發現自己的一顆心很小，

卻裝得下相當豐沛的感激。

——A・A・米恩[4]

安然接受生活的真貌，就是釋放自己去體驗真實的喜樂。

在我一九七〇年代的青少女時期，曾經晃進堪薩斯市的一家新時代書店，拿起一本名爲《梅赫．巴巴談話錄》（*Discourses of Meher Baba*）的書。我壓根不曉得談話錄是什麼東西，但第一句話即烙印在我心上一輩子：「說『我什麼都不要』，並且要快樂。」儘管我年少無知，這個概念引起的共鳴卻深入骨髓；即使我不太肯定自己是否明白話中的涵義，也不知道如何實踐，但我知道這句話說得一點都沒錯。

無數的傑出人物談過同一個道理——快樂的關鍵在於超脫欲望。安然接受生活的眞貌，就是釋放自己去體驗眞實的喜樂。我由衷相信事實如此。

這不代表我們應該教孩子隨波逐流一輩子，不順從靈魂的輕推和渴望。渴望是我們最深邃的自我常使用的語言，以督促我們培養獨一無二的才華和天賦。這關乎在艾克哈特．托勒所說的「在」（being）與「成爲」（becoming）之間維持平衡。他在講課時說明，如果過度聚焦在「成爲」，我們會失去享受當下的能力，落入壓力、焦慮的窠臼，永遠不會覺得圓滿；但如果只停駐於「在」的狀態，在這個世界生活是行不通的。艾克哈特將這描述爲進入「思想之下」（below thought），說明如果我們放下所有的努力，我們實際上會喪失警戒，而這是活在當下的一部分。我們必須在存在與爲生命努力之間保持平衡，才能樂在其中，滿載而歸。

但要維持這種平衡談何容易，因爲我們的文化端出了數不清的事物誘惑我們，宣稱那些東西能令我們非常快樂。而要調教出一個不會拚命要這個、要那個的孩子呢？難度很高。我們的孩子承受的轟炸是，如果他們達成某項通常搆不到的目標，就保證可以有人緣、得到肯定、取得地位或樂趣。「只要我在那個考試拿A……如果卡麥隆跟凱特琳說他眞的喜歡我……要是你們肯幫我買一台照相功能比較好的較新款iPad……」

這就讓人想起皮尤研究中心做過一份關於人生志向的民調[26]，十八歲至二十五歲的受訪者，有百分之八十一回答最想要發財。廣告老是拍得活像沒有這個或那個的生活就不像樣，要抵銷這些廣告的衝擊並不容易。

但快樂是買不到的。在我的心理治療工作中，有些最消沉的個案會登上雜誌封面，在世界各地都有房產，過著看似悠閒的生活，常常有在馬里布海邊玩鬧的照片，

---

❹《小熊維尼》作者，小豬是維尼的好友。

㉖雪倫．傑森（Sharon Jayson），〈Y世代的人生目標？名與利〉（Generation Y's Goal? Wealth and Fame），《今日美國》（*USA Today*），二〇〇七年一月九日，Usatoday30.usatoday.com/news/nation/2007-01-09-gen-y-cover_x.htm。

身邊還跟著俊俏的配偶和上相的子女。很少人猜得到他們抑鬱且心碎地頹然度日，或試圖以藥物或酒精來控制他們的鬱鬱寡歡。表面一切都看似美好——又亮又紅的蘋果，但裡面有一隻蟲子，正在啃噬他們的靈魂。

我翻閱一本《建築文摘》，雜誌報導設計得無懈可擊的住家，有夢幻廚房、精緻客廳、手工家具、謹慎擺放的每顆枕頭，令我開始想著住在這些屋子裡的家庭。絕對會有一些住戶感恩而愉快地在這些豪華房間裡過生活。但我知道有的人耗費許多年的心血追求他們的夢幻屋，最後卻面對金錢買不到幸福的痛苦真相；心痛照樣會滲進來。也許這家人晚上不會聚在以進口橡木梁打造的大教堂式天花板底下的客廳裡，在巨大的石砌火爐前一起歡笑、玩遊戲。也許孩子們經常悶悶不樂地待在名家設計的臥房裡，苦澀地試圖令線上的朋友刮目相看。房子或許值得嫉妒，屋子裡那些人的生活則否。

享受生活的精美事物沒有不對，很多富裕的人過著充滿愛、喜悅、目標的滿足人生。我只是要強調世俗的成功與幸福並不是緊密相依。促成圓滿人生的要素遠遠不是金錢買得到的。

安然接受無法事事盡如人意的事實

當我們了解幸福是買不到的，在孩子得不到想要的事物時，我們就比較能自在地看待孩子的怨言。但與其批評孩子不夠感恩，我們應該協助他們駕馭失望，肯定他們的感受，並引導他們接受現實。

我記得在一個糟糕的日子裡，當年八歲的兒子因爲我不肯買三十美元的神奇寶貝遊戲卡而一路哭回家。唉，他眞的很想要那張卡片！要買到他的笑容太簡單了。但我們說好了一元是上限，那張遊戲卡超出限額太多了。我感覺很糟。他是那麼想要啊！讓步一下能造成什麼傷害呢？

但我要他知道，我相信他可以捱過希望落空的情緒風暴。我試著寬容而體諒：「我知道你很想買，親愛的。我知道這好像不公平。」但我終究守住了立場。儘管做起來很難，但我相信不能如願，幫助他學到了自己的快樂，不能建立在媽媽掏出信用卡上。

我說過了，想要東西本身不是負面的。欲望和渴求經常是來自靈魂的低語，指出我們應該走的人生方向。如果運動員不渴求做到最好，又何必經年累月地苦練，精進技能？要是我忽視學印度語的渴望，我怎麼學得會？只有當我們為了渴求那些宣稱可以讓我們的明天更美好的事物，而把今天的氧氣消耗殆盡，才會構成問題。

幫助孩子學會分辨什麼是猴子腦袋裡對「東西」的無止盡要求，什麼是靈魂的眞實渴望。能夠敏銳地察覺心的召喚是一項天賦。訣竅就是不要孤注一擲於「有朝一日我會幸福，而幸福的先決條件就是……」。過程就是目的地，即使我們志向遠大。我們生來不只是要追求崇高的目標，也要享受過程。

當我們讓家裡洋溢著愛與光明的氛圍，當我們灌溉孩子內心的意志，當我們回饋別人，當我們幫助他們充滿愛心地連結自己和別人，我們便給了下一代把人生過得特別美好的要素。

幫助孩子活出更喜悅的人生，也要靠我們教導孩子挑戰負面的習慣和思考模式——改變我們對快樂的設定值，或者說我們對感受喜悅的預設能力。

改變我們對快樂的設定值

正向心理學的研究人員相信我們對快樂有一個「設定值」——一個大致維持不變的主觀安康程度。樂透彩券得主即使贏得數百萬美元的彩金，往往會回歸到他們的幸

> 如果我們不改變思考習慣，
> 每天就會泡在大約四萬五千
> 個負面念頭裡面。

福預設值，遭逢重大損失的人也一樣。我的朋友瑪西・許莫芙說這個設定值取決於三件事：基因（百分之五十）、習慣（百分之四十）和環境（百分之十）。

乍看之下，這似乎表示萬一你倒楣，遺傳到有「水杯是半空的」傾向的基因，就會有一半的機率注定過不幸福的人生。其實沒這回事。表觀遺傳學（epigenetics）已判定改變習慣就能實質改變DNA。大衛・拉克爾博士說：「表觀遺傳學的意思是『在基因周圍』[27]，或可說，我們把基因泡在什麼池子裡面，取決於人類的選擇……我們可以選擇把基因泡在喜悅、快樂、運動、營養的食物裡面，也可以把基因泡在憤怒、缺乏希望、垃圾食物、靜態生活形態裡面。」也就是說，不管我們的環境條件或基因如何，我們都能培養並造就幸福。

據說，我們每天會有大約六萬個念頭。又據說，其中有百分之八十左右是負面的。據信，我們今天的思緒約有百分之九十五跟昨天、前天、大前天的念頭差不多。這表示，如果我們不改變思考習慣，每天就會泡在大約四萬五千個負面念頭裡面。基

㉗ David Rakel，於〈生活形態的選擇可以改變基因〉（Lifestyle Choices Can Change Your Genes）引述，《威斯康辛大學健康》（*UW Health*），www.uwhealth.org/news/lifestyle-choices-can-change-your-genes/13915。

因就浸泡在這麼負面的池子裡游來游去！

當美國國立衛生研究院測量大腦的血流和活動模式㉘，他們發現，負面思想會刺激跟焦慮及沮喪有關的部位，這對我們的身體就如同毒物。想協助孩子培養健康的快樂習慣，最佳方式是由父母身體力行這些習慣。

當生命給了你一手爛牌，你的孩子會看到你落入負面的「要是……」迴圈嗎？還是你會努力用口哨吹出快樂的旋律，盡力把檸檬做成檸檬汁？當然，你可能情願車子的變速器不要壞，或雨在你的戶外派對開始前停歇。但想要和需要不一樣。當我們覺得沒有某件事物就不行，便走進了無能爲力的境地，加深了絕望，而因爲我們無法想像事情不如己意的話怎麼辦，於是試圖將事態導向我們期望的結果，強化了隨之而來的不健康行爲。

當孩子看到我們承認自己很失望，而沒有一頭栽進不快樂之中，他們就曉得原來這就是在生命不順遂時保持臨在，日後，當他們也遇到難題，他們就能回溯參考這樣的生活態度。

> 真正的幸福是安靜而深刻的。那是我們安住其中的存在狀態，而這個狀態會為我們的生命時光，注入深層的喜悅。

向內心探尋快樂

有些人想到快樂的時候，想到於是一個四分衛觸地得分的快樂舞蹈，或是新娘穿越走道時的愉悅容顏。這些時刻確實很特別，但那樣的時刻相對來說並不多，每次之間都間隔太久。這些時刻也都依附於外在的情境之下。

眞正的幸福是安靜而深刻的。不依賴外在情境。不是實現渴求的事件或成就之後會得到的。那是我們安住其中的存在狀態，而這個狀態會爲我們的生命時光——平凡的與不平凡的——注入深層的喜悅。

作者芭芭拉·狄·安吉麗思講過一個對我影響深遠的個人故事。我想在此重述這個故事。在多年的尋尋覓覓後㉙，她認識了一個男人，她相信此人就是她的靈魂伴侶。他們彼此深深相愛，她很讚歎自己的幸運。當他們手拉手在沙灘漫步，芭芭拉心

㉘凱利·瑞斯勒和海倫·梅柏格（Kerry J. Ressler and Helen S. Mayberg），〈瞄準情緒與焦慮疾患的異常神經迴路：從實驗室到臨床〉（Targeting Abnormal Neural Circuits in Mood and Anxiety Disorders: From the Laboratory to the Clinic），www.ncbi.nlm.nih.gov/pubmed/17726478。

㉙Barbara De Angelis，《愛是一切的答案》（*Secrets About Life Every Woman Should Know: Ten Principles for Total Emotional and Spiritual Fulfillment*）（New York: Hyperion, 2000）。

裡滿溢著幸福。她的戀人捎來熱情的情書。她每天的生活都沉浸在前所未有的浪漫喜悅中。

幾個月後，她發現這個男人其實同時和幾位女性交往。在傷心之餘，更侮辱人的是他把寫給她的情書，一字不改地寄給其他女人。她心都碎了。感覺如此眞摯且深刻的愛，怎麼會是假貨。她心痛地自我封閉，陷入又深又黑的洞裡。

低潮了一段時日後，她內心有個東西鬆動了，她頓悟了。如果她全部的愛戀經驗都建立在虛假之上，爲什麼她會感到幸福無比？她開始明白當她和這個男人在一起，以及在她想起他的時候，她感受到的喜悅和愛，其實一直存在於她的內心。他們在一起時，他沒有給過她一點愛。他沒有給她開啓內心水閘的藥丸。其實，他示愛的方式不過是促使她打開了自己內心的喜樂水龍頭。她體驗到美妙的愛，是因爲她自己打開了水龍頭，並不是他做了什麼。眞相是，她只是需要有男友充當藉口，才肯允許自己體驗始終都在心裡的愛的感受。

我好愛這個故事戳破了我們許多人抱持的謊言：幸福必須仰賴某件事物或某人。當你回顧自己最喜樂的時光，你可能會先記起外在的情境——也許是你們全家團聚，或是你在森林裡散步。

當我們敞開心扉，讚賞當下正在降臨的一切，伸手拿一塊麵包所能引發的快樂，將會跟檢視我們的感恩事項清單一樣豐沛——這是要教給孩子的必要概念。

儘管情境很重要，但幸福的感覺是在你的心裡低迴。眞正的快樂源於自己，那是一種不論外在情況如何，你都能接引到的感覺。假如我們能幫助孩子明白幸福眞的來自內心，那該是多麼美妙的禮物！

當我們敞開心扉，讚賞當下正在降臨的一切，伸手拿一塊麵包所能引發的快樂，將會跟檢視我們的感恩事項清單一樣豐沛——這是要教給孩子的必要概念。

我們內在有一條永久存在的河流，我們隨時都可以走進去。眞實的快樂關乎享受擁有生命的單純奇蹟。

適時表達謝意，創造感恩的習慣

我們不能以言語教導孩子感謝，但如果我們創造感恩的習慣，孩子絕對會耳濡目染。經常表達謝意，能幫助我們不聚焦在岔錯上，而去慶賀美好的部分。

約翰．高特曼（John Gottman）是一位心理學教授，著作甚豐，包括《恩愛過一生：幸福婚姻7守則》。他在研究婚姻穩定度的過程中，想到一個不只適用於婚姻、也適用於其他家庭關係的技巧：讓好話跟每一句壞話維持五比一的比例。

他建議每次你發牢騷，都以五句正面的話語或感恩來抵銷其衝擊。與妻子共同創立「意象關係治療」（Imago Relationship Therapy）的哈維爾・漢瑞克斯（Harville Hendrix）也提出相同的概念，鼓勵夫妻們將傷人的溝通模式調整爲互相提攜。我輔導家庭將這個觀念落實在日常生活中，效果很棒。孩子們和父母們都很愛聽我們對他們的喜愛和感激。假如你在挫敗之餘，講了「你吃東西爲什麼一定要發出那麼多聲音？」之類的話，你可以在這一天當中不時穿插一些正向的話，例如：「親愛的，你跟小狗狗們玩的時候，動作很輕柔，我很喜歡呢」，或者，「我把車子停在車道的時候看到你在外面玩，看到你，我眞的很高興，眞慶幸我是你老爸！」

向我們心愛的人說出感激的話語，就像給引擎上潤滑油，這可以減少摩擦，讓家庭生活運作得更順暢。

回答孩子對生死的大哉問

「心靈的」（spiritual）和「靈性」（spirituality）這兩個詞的涵義很多。我在這裡用這兩個詞並沒有宗教或教條的意味，而是描述我們天生就渴望了解爲什麼我們活著、是什麼力量或勢能（force，假如有的話）在主導全局、我們當初爲何來到這個世界。我們人類似乎生來就渴望了解生命之謎。我們會尋求理性解釋之外的深層架構，以了解宇宙及我們在宇宙裡的地位。

你對靈性的個人看法，可能包括相信神或某個仁慈的勢能在治理宇宙。你也可能覺得靈性跟天使或指導靈有關，或者是長久居住在地球上的原住民傳統。你的父母或你長大成人的地區，可能塑造了你的信念。或者你可能否決了這些信念，擁抱截然不同卻跟你的心靈及情感更密切共鳴的信念。

不論我們有什麼儀軌或信念，都必須思考要如何傳達給孩子。我們要孩子上主日學校嗎？我們是否想把某些儀式融入孩子的生活中？我們要孩子學習《聖經》的經文嗎？要在飯前或睡前祈禱嗎？我們相信孩子應該接觸各種宗教，以便他們選擇嗎？我們是無神論者或不可知論者，決心不讓下一代接觸任何信仰，好讓他們摸索出自己的路嗎？

這些是很個人的決定，我會請父母自己釐清做法。但當孩子開始詢問生命的大哉問，包括親人過世後會怎麼樣，我們至少要講得出基本的答案。

電影《魔繭》裡有一幕，引起我深刻的共鳴。在這一幕（以下有雷，編註：指以下的文章有透露電影劇情，還沒看過電影的人要慎入），一位年輕女郎在木屋褪下衣物，她不是只脫下衣服（從窺孔偷看的傢伙希望她即將寬衣解帶），還從頭到腳脫掉

> 如果你滋養靈魂的方式在你心目中是真實的，就毋須別人的肯定，包括你的孩子。

皮膚，全部移除。在皮膚之下的她，是一個明燦燦的發光體。在隔壁偷窺的傢伙嚇得目瞪口呆。她就這麼移除外在身分，恢復她的眞貌——一位純淨的光之存有。

我很愛這個畫面，有時會將它帶進我的生活中。與人互動時，我想像在他們外在的人格之下，他們跟我一樣，只是化爲實體的神聖，傾注到肉身的試管裡玩耍，並且在地球上學習一段時間。有時，我甚至想像我遇到的每個人都是神，或是神聖存有僞裝的——我們都知道彼此不是自己所扮演的角色，並且（希望是）演戲演得很過癮。

這概念對你或許無效，但如果你要向孩子解釋靈魂就像被注入身體這個容器裡的光，所以人死了以後，我們跟死者的愛及情感連結仍持續存在，那麼這個概念或許便會派上用場。同樣的，我相信每位家長都會找到跟孩子討論生死的正確方式。對有些人來說，或許一句話都不必說。他們的做法或許是不聲不響地過著熱情洋溢的生活，讓孩子自己體會走上靈性道路是怎麼回事。

有些父母或許很熱衷於靈性儀式。他們可能會虔誠地上教堂、天天靜坐、經常聆聽激勵人心的靈性導師講課、每天早晨對著上師的聖壇頂禮、跟他們的天使或指導靈交流、去「避靜」來加深信仰。有時候，最虔誠的父母教養出來的兒女，會覺得父母的靈性追尋很荒謬，完全不想參與。就像米高·福克斯在《天才家庭》電視劇裡的角色，他堅決否定父母的民主黨立場，成了穿西裝、打領帶的青少年共和黨人。我們的孩子或許會排斥我們的靈性信念，甚至以嘲笑、鄙夷的態度加以否決。

如果孩子抗拒你傳遞信仰的全部努力，那或許令人失望，但那也可以是一種福氣。如果你滋養靈魂的方式在你心目中是真實的，就毋須別人的肯定，包括你的孩子。我看過父母逼孩子參與他們的靈性修持，卻反而斬斷了孩子擁抱相同信仰的希望。強迫是行不通的。

對，讓孩子接觸滋養你靈魂的事物，但是要讓他們目睹你因此變得更平靜或更慈愛、慷慨，於是主動參與你的修持。再說一遍，孩子可以是我們最偉大的老師。他們會偵測並拆穿我們的虛妄。如果我們強勢推銷我們的信念，或令他們覺得我們需要他們加入我們的道途，他們便會逃之夭夭。如果我們在房間裡靜坐完出來時脾氣火爆，不管我們宣稱自己沉浸在什麼內在的寧靜中，都得不到他們的尊重。如果我們上完教堂回來後，聊起的是在教堂裡看到的那些人的八卦……你曉得那會怎樣。我們的孩子會堅持保持真實。

沒必要在靈修活動後擺出聖人般的作風，掛著快樂的笑容飄進房間裡，輕聲詢問孩子們是否願意收拾玩具。但要知道，孩子從我們言語裡學到的東西，遠遠不如他們看到的事物。如果你要他們擁抱你的靈性道路，或至少願意探索看看，就不要逼他們就範。讓他們如同當初的你一樣，是因爲內在的召喚而受到吸引，而你在他們面前，眞實不虛地展現你的靈性修持成果。

屬於你的練習

你希望和孩子一起培養哪些人格特質，讓親子關係更穩定親密？

以下的清單，列出了我在最後幾章討論過的人格特質。儘管我談過的項目很多，無疑仍然遺漏了你認爲對教養孩子很重要的諸多人格特質。以一點時間思考你自己認爲重要的特質。在你的記事簿裡，以一、兩行篇幅描述你可以做的某項改變，以協助你和孩子進一步培養那一項特質。

比方說，如果你選擇「尊重自己」，你或許會決定當同事又在中午請你罩他，好讓他午餐可以吃久一點時，練習堅定自己的立場。如果你選擇「負責任」，你可能會打算跟孩子談談家裡每個成員免不了會傷到別人的心，或不理會別人的請求，遇到這種情況時該怎麼處理。如果你選擇「有熱忱、有目標地過生活」，或許你會找找你和孩子可以到哪裡做志願服務。或者你可能決定去上寫作課，讓孩子瞧瞧什麼叫「追尋內心安靜的渴望」。

以下是我們討論過的特質清單，以茲備忘：

- 道歉
- 爲我們作的選擇負責
- 快樂而滿足
- 誠實
- 脆弱
- 好好溝通
- 情感連結
- 調適壓力
- 培養同情心
- 處理怒火
- 示範良好的禮貌
- 培養慈悲心
- 享受人生

- 享受跟自己作伴
- 覺得自己值得被愛
- 回饋
- 找樂子
- 尊重長輩
- 實踐靈性
- 遵守約定
- 尊重地聆聽
- 聽從我們的直覺
- 充滿熱情與目標地生活
- 調適不確定性
- 練習感恩
- 練習正念

- 練習自我照顧和仁慈
- 剔除不健康的人際關係
- 重設我們的快樂預設值
- 尊重別人

- 尊重自己
- 設定跟他人的界線
- 鞏固依附關係
- 實話實說

請你跟我這樣做 日常教養的實際應用

※應該強制孩子上教堂嗎？

問題：先生和我星期日會到一間無宗派的教堂做禮拜。我們一向都覺得帶小孩上教堂很重要，他們幼年時也很樂意去。但現在十五歲的兒子說那很蠢，十三歲的兒子則想跟哥哥一樣，也不肯去。我們該怎麼辦？

建議：這個問題的答案有兩派主張。一派主張養成習慣，每週一次挪出時間專心祈禱、沉思、做禮拜的好處多多。這一派的觀點了解小孩通常不愛在星期天起床去任何「不好玩」的地方，因此父母應該堅定立場，即使孩子有怨言，全家也要規律地參與這種滋養重要人格特質的活動。

另一派則主張把孩子拖進教堂，根本無助於喚醒他們對神或靈性的自然興趣。更進一步說，強制他們出席週日的禮拜，其實可能令孩子對靈性活動沒好感，因爲他們毫不眞心地做完虔敬的儀式，在心裡留下了對靈性的負面觀感。

我認爲如果父母眞的虔心參與靈性活動，就應該要相信與其在意孩子有沒有在這些活動中露臉，更重要的是讓孩子感受到父母喜悅、平靜、虔誠的漣漪。到頭來，這才是最能影響孩子探索個人靈性的力量。但每位家長必須自己想清楚。有些人會覺得（這很正常）即使不甘願，露臉總比在家裡睡懶覺或看電視好。

如果你十五歲的孩子想暫停上教堂，答應他或許是明智之舉。俗話說得好，你可以帶馬到水邊，卻沒辦法逼牠喝水。你當然可以邀請他參加你認爲很特殊、很可貴的家庭儀式，但你或許會發現，如果允許兒子自己作主，不強制他參加，他決定回去上教堂的機率會較高。如果你覺得小兒子其實喜歡跟你們上教堂，就試著跟他談談獨立思考的重要，他得作出自己覺得正確的決定，其背後的動機不該是爲了贏得哥哥的肯定。

✳我寵壞孩子了嗎？

問題：我賣力工作來給家人優渥的生活，想也知道，孩子們對我們的昂貴家具或豪華住家並不感恩。他們只想買最新型的電子產品和最酷炫的服飾。現在是不是來不及教他們對現有的一切感恩，不埋怨自己沒有什麼？他們一輩子都沒救了嗎？

建議：談論孩子的時候，我一直不愛用「寵壞」這個詞。可以說牛奶壞了嗎？可以。那寵壞的孩子呢？不行。孩子的天性是想要什麼、就會要什麼，並且通常是非常強勢地告知我們！但讓他們認定自己要什麼都行的人，是我們。要信任他們承受得了不能事事順心的失落。

假如我們突然決定不再購買每一件孩子要的東西，卻氣惱孩子不知感恩，似乎有點不公平。如果你們家總是追求新奇閃亮的物品，卻指望孩子們瞬間進入永恆感恩的心境，同樣並不合理。

改變孩子們的父愛體驗，開始給他們金錢買不到卻非常令人滿足的事物：騎好久的單車、玩大富翁遊戲、在你們居住的城市找個你們沒去過的地方探險、闔家歡電影之夜。讓他們看到你自己感恩生活的無形層面——閱讀一本好書的愉悅，或是看到你在院子裡種的植物結出果實的欣喜。你改變重視的事物，孩子就比較能從這也要那也要，變成對現有的事物感恩。

或許需要一段時間，你的孩子才會停止要這要那。別怪他們不感恩。當他們說想要什麼，請他們將這樣東西列入特殊日子的許願清單。幫助孩子發掘爲自己特別渴望的東西工作、存錢的樂趣。當他們被剝奪了什麼，體諒地承認他們的失望和挫折（關於這一招，或許可以參考第五章或《教養不是作戰》的第一幕教養法）。

※負面的人可以變得正面嗎？

問題：我們家的族譜裡有很多憂鬱症的人。我們眞的能從習慣性的負面思考，轉變成正向且充滿希望嗎？

建議：這就是生命的奇蹟：我們可以在看似決定了我們生命軌道的情境下成長，然後掙脫軌道，爲自己開創全新的局面。

沒錯，你得下工夫挑戰長期的負面思考模式。這些模式是習慣性的，而習慣不容易戒除。你得下定決心、保持覺察，避免自己落入習慣的窠臼，將不愉快的經驗視爲不可避免的，或是因爲你不相信美好的事物是眞實的，就謝絕了美好。

但你可以掙脫家族的侷限。你有自由意志。你可以選擇如何看待生命之舞，將艱難時刻視爲成長的機會，把美好的時刻視爲慈愛宇宙送來的禮物。

但這不表示你應該忽略你可能需要的支援，這可能涉及藥物、療癒、改變生活方式，包括飲食、睡眠、運動、靜坐或玩耍。做個開路先鋒，打破陳舊的家族模式，粉碎你們家族對接受喜悅的無形上限！

第十一章

56個供父母實作的練習

在人生旅程中，

唯一絕對眞實的是你在當下採取的這一步。

這是唯一存在的事。

——艾克哈特·托勒

關於如何將孩子教養成有自覺、有自信、滿懷著愛的人，我寫了許多大家耳熟能詳的道理。我們都知道心懷感恩很重要、活在當下是明智之舉，有些人卻在實踐時遇到困難。知道我們應該多多陪伴孩子、要活在感恩之中是很好沒錯，但要把你明白的道理融入日常生活中，又是另一回事。

很多人致力改善世界，經常付出可觀的時間和精力，爲自己喜愛的人道目標努力。但我們眼前就有一個正面影響世界的機會。爲人父母之路給了我們一個讓世界更美好的可行機會，也就是把孩子教養成有自覺、關懷別人的成人。

我會在這一章介紹各種可以融入日常生活的活動。有些點子會吸引你，有些則否，但懇請各位至少在生活裡做幾個練習。我鼓勵你和孩子一塊練習，不過這些練習你都可以自己實作。

13個培養孩子正念、覺知、自覺的練習

「媽，你到底有沒有在聽我說？」

「爸，我跟你講了兩次我要搭你便車！」

「你說看一下公司的電子郵件就好，結果一看就是大半天！」

我多次提到，孩子是我們最優秀的老師，他們會給我們無限多個擴大格局的機會。他們牽制我們的其中一個辦法，便是戳破我們的「心不在焉」。

一如前述，正念練習已踏出冥想中心，走進了學校、監獄、醫院。如果正念的修持能夠及早融入孩子的生活，該有多好。如果孩子在成長路上都能與自己當下的感受同在，不任憑壓力支配宰割，感恩之情在他們日常生活的背景裡低吟，想像一下那個世界吧！

在此，就提供一些將正念練習帶進家庭生活的點子和構想。以身作則永遠是上上策，如果你不曾做過任何形式的正念練習或靜心冥想，我建議你至少練習一個月，再向孩子介紹。

事前準備

如何向孩子介紹正念和靜心冥想，詳細做法要視孩子的年齡和發育階段而定，但一般而言，你可以這樣說：「你可能注意到有時候，我會在早上（下午、晚上）靜靜地坐著，安靜一段時間。那段時間的感覺眞的很舒暢，心裡會很平靜，一天也過得更順利。

「我也想教你這樣做。你想不想學？」（讓孩子「報名」會有幫助，好過你替他們決定正念練習是他們非做不可的事。多數小孩會感興趣，但問他們想不想學，仍然是個好辦法。）

「正念真的很簡單。說穿了，就是留意當下正在發生的事，不去想著過去或未來。正念讓我比較平靜、開心，我很喜歡。我們要先布置一個專用的地方，方便我們每天一起練習幾分鐘。我想，我們可以用這個空間（指出家裡的一個地方）。你願意幫忙我布置嗎？」（邀請孩子共同布置一個舒服的空間，也許擺放抱枕、鮮花或室內植物，或是對你們每一個人具有特殊意義的小飾品。如果你不排斥香氛蠟燭或焚香，香味能幫助一些人更容易錨定在當下。）

布置好你們的正念空間後，就可以開始第一次的練習。

練習①：輕鬆不費力地聆聽

「我們來舒舒服服地放鬆。放下緊繃和壓力，從你的頭頂開始，想像有一顆溫暖的光球鬆開你臉部和下顎的每一條肌肉，釋放所有緊繃或壓力的感覺，讓每一條肌肉都軟化了。」持續引導孩子從頭到腳放鬆。

教導孩子正念最簡單的方法之一，是使用冥想鈴或西藏頌缽。敲了缽或發出聲響後，請孩子仔細聆聽那逐漸微弱的聲音。你可以請孩子在聽不見聲音時舉手，這能讓他們將注意力放在聲音上，不管別的。

另一個孩童喜歡的活動在第九章提過——指引孩子聆聽周遭的聲音，室內或室外的皆可。跟他們說，假如發現注意力飄走了（這是遲早的事），就溫柔地將注意力拉回任何引起他們注意的聲音，諸如駛過的車輛、肚子的咕咕叫、狗吠等等。不論是什麼聲音，鼓勵他們只管輕鬆而不費力地聆聽四周的聲音。

練習②：跟隨呼吸

跟隨呼吸是相當普遍的正念練習。對孩子說：「吸氣的時候，注意吸進來的空氣。注意空氣進入了鼻孔。這口氣是溫暖的還是冰涼的？跟隨這口氣到咽喉，一路跟著空氣進入肺部。接下來用一點時間注意你的呼吸，只要感受空氣通過你的鼻子或咽喉，或是注意腹部隨著你的呼吸而起伏，或是你吸氣和吐氣的聲音。如果你的思緒飄走了（十之八九會飄走的），把心拉回來觀察呼吸就行了。」停頓幾次呼吸的時間，讓孩子繼續練習。

你也可以請孩子計算自己的吸氣和吐氣，以便孩子在安靜地跟隨呼吸的起落時，大腦有事可做。告訴孩子：「身體放鬆。準備好了就吸一口氣，並數『一、一、一、一、一、一』；吐氣的時候，數『一、一、一、一……』，直到肺部淨空。等待下一次呼吸，不要急。然後吸氣，數『二、二、二……』；吐氣時數『二、二、二、二……』，直到氣都吐乾淨。你可能想要只在吸氣或吐氣時數數；兩種做法都可以。持續這樣做十次呼吸。用一點時間，觀察持續呼吸而不數數的感覺。」

練習③：把手放在胸部和腹部

我們在盡力做事或進入壓力狀態時，往往會從胸腔呼吸，呼吸變得急促而淺短。放鬆時，則從腹部呼吸，速度較慢。有個簡單卻有效的辦法可以讓人重拾臨在，就是請你的孩子一手放在胸部，一手放在腹部。「在吸氣和吐氣的時候，注意哪一隻手向上移，哪一隻手向下移。不要刻意改變這隻手或那隻手的動態，只要注意哪一隻手起伏的幅度比較大。」

孩子觀察自己的呼吸一會兒後，就鼓勵孩子把呼吸移到腹部。之後，問孩子把呼吸從胸部移到腹部後，有沒有察覺任何差異。假如孩子說感覺較平靜，這就是適合孩子在沮喪、擔憂或特別煩躁時做的練習。

完成正念練習後，很多孩子喜歡聊聊練習的感覺，包括覺得集中注意力很難，以及體驗到的平靜。他們可能也會想聽聽你的練習感受。敞開心胸傾聽，讓他們知道你真的很喜歡與他們共度的這段特別時光。

練習④：觀察情緒

正念可協助孩子了解自己的感受，比較不會被強烈的情緒風暴左右，而那種情緒風暴若是放任不管，可能會累積成海嘯。

請孩子靜靜地坐著或躺下，閉上眼睛，專注於內在的感受。

「注意你的感覺，也許你覺得興奮、憤怒、悲傷、擔憂、滿足、好奇。你可能同時有幾種感受，譬如既興奮又有一點擔心。不用改變什麼，只要留意你的感受。」幫助孩子接受情緒，不予抗拒，孩子就比較能夠處理強烈的感受。

在介紹孩童正念練習的《像青蛙坐定：給孩童的正念練習》一書中，作者艾琳·史妮爾請小朋友以個人天氣報告的形式描述感覺。問小孩：「你覺得自己是晴朗、狂風暴雨、起風、風平浪靜、下雨、還是正在颳颶風？」當孩子觀察並辨別自己正在體驗的感受，他們就可以在自己與情緒之間拉開一點距離。史妮爾說得好，孩童可以體認到：「我不是那傾盆大雨[30]，但我注意到在下雨；我不是膽小鬼，但我發現有時候，喉嚨附近會出現很害怕的強烈感覺。」

練習5：讓念頭像雲朵飄過

跟孩子做這個練習很好玩，尤其是經常忐忑不安的小孩。請他們舒服地坐好，閉上眼睛，用前文教過的任何一種方法，引導他們注意呼吸。

「坐著的時候，你可能會注意到或聽到念頭經過你的腦海。不要試圖讓念頭消散，因爲那是辦不到的，所以觀察念頭就好。假裝你是藍天，大到有幾朵浮雲根本沒關係，因爲天空實在太大了。感覺自己就是那麼大、那麼寬敞，讓浮現在腦海的念頭就像小小的雲朵，雲朵只是飄過去。不要試著抓住念頭的雲朵，或是令雲朵出現或消失。只要觀察它們，甚至描述它們——『那是關於晚餐的念頭。那是擔心回家作業的念頭。那是這個練習什麼時候才結束的念頭。這個則是我朋友今天說的話的念頭……』放輕鬆，享受單純做一片天空的祥和與平靜。」

一會兒後，請孩子允許眼睛睜開，完成這個練習。

練習⑥：臨在當下的漫步

孩子還小的時候，幾乎做什麼都維持正念。還記得你帶小小孩去散步的經驗嗎？得走上八百年，才能經過兩、三棟房子。從小鳥在灌木下發出的窸窣聲到人行道上的神祕裂痕，小傢伙都覺得有趣極了。

你跟年紀較大的孩子在住家附近散步時，請孩子提高覺察的程度。你們靜靜地走路，聆聽周遭的聲音一、兩分鐘。請孩子留意空氣接觸身體的感覺。陽光溫暖了他們的皮膚嗎？是不是有一陣輕風？鼓勵他們注意光線——光線如何從枝葉之間灑下來，或從附近的車輛上反射。或假裝你們剛從其他的星球降落，每件事物都是以前沒見過的。想像你們會如何看待上了油漆的欄杆，或你們會如何讚歎路上看到的花朵色彩。

練習⑦：搓一搓雙手

有個簡單的辦法可以讓孩子走出思緒，回歸當下這一刻。請他們快速搓動雙手約

㉚ Eline Snel, *Sitting Still Like a Frog: Mindfulness Exercises for Kids* (and Their Parents) (Boston: Shambhala, 2013), 55.

三十秒，感受摩擦力和漸漸上升的手溫。然後請他們停止，注意雙手那麻刺的感覺和熱度。這是回到身體裡的快速、簡易方法。

練習8：品嘗每一口食物

味覺是強大的感覺，可以將我們迅速帶回當下。建議孩子：「想像你來自沒有這種食物的國家或另一個星球，那裡的人根本看都沒看過這種食物。咬一口，含在嘴裡，在嘴裡移動這個食物，再開始咀嚼。注意這一口食物的滋味，是甜的還是鹹的？注意口感，是硬的還是軟的？聞起來是什麼味道？咀嚼時的情況如何？冒出來的口水是不是改變了口感？不要判斷你喜不喜歡這個食物，也不要嘗試描述它。品嘗就好，敏銳地觀察食物的滋味和感官的感覺。」

這個練習的另一個版本是請孩子吃蘋果，一邊仔細觀察這個經驗的每個層面。「把注意力放在拿著蘋果的手指上。感覺蘋果的重量、蘋果的光滑。咬一口，聽牙齒咬破果皮的喀嚓聲。讓汁液流到嘴裡，注意它的味道——甜？酸？濃郁？爽口？」

練習⑨：帶著正念聽音樂

艾立夏與史蒂芬妮．高斯坦（Elisha and Stefanie Goldstein）是臨床心理學家，這對夫妻檔共同創辦「正念生活中心」（Center for Mindful Living），爲青少年設計的CALM課程也很令人激賞。他們的音樂冥想讓青少年透過他們最愛的事物——音樂，體驗身體內的感覺。

首先，他們進入正念狀態（讓他們連結呼吸、身體、想法、情緒），然後，按下播放鍵，請孩子們注意全身的感覺，在聆聽流行音樂時練習正念。這個練習總是很受歡迎。

練習⑩：慢動作走路

慢動作走路是個可愛的練習，全心注意構成每一步步伐的細微動作。垂下眼簾，以便保持專注於內在。用比平常慢的速度走路，先留意腳跟的感覺，然後是前腳掌，然後是足趾接觸地面。注意另一腳的動作，它幾時抬起、你的重心幾時移動。你用了足踝、小腿、膝蓋、大腿的哪些肌肉？你走動時，哪些肌肉是放鬆或緊繃的呢？感受你的腳步是輕或重？注意移動重心、保持平衡的感覺。

這個練習可以做兩、三分鐘，但正念步行持續個二十分鐘左右會很有趣。在靜修營的時候，指示通常是請學員不要交談、避免眼神接觸，對走每一步的體驗保持完全臨在。

練習⑪：以問問題建立覺察

這個練習出自蘇珊・凱瑟・葛凌蘭（Susan Kaiser Greenland）的《這樣玩，讓孩子更專注、更靈性》一書，作者建議以問問題來建立更多的自我覺察。要增加注意力，問：「你專心嗎？分心了嗎？還是介於兩者之間？」要詢問警醒狀態，則問：「你覺得懶散？有活力？還是介於兩者之間？」對於身體的放鬆程度，你可以問：「靜靜坐著很容易嗎？還是很難？還是介於兩者之間？」

蘇珊說，可以鼓勵孩子以豎起拇指、拇指歪向側邊、拇指向下的手勢回答。這是個很棒的練習，能幫助孩子覺察自己的感受，以口語及非口語進行溝通。

練習⑫：一次專注做一件事情

很多小孩相信自己可以同時做很多事：寫作業、聽音樂、持續跟人傳訊息聊天，通通可以同時做到。其實，一心多用只是迅速地切換處理的事務。研究顯示，分心做各種活動時，工作品質會嚴重下降。念書時一心多用的學生，理解的內容會減少，比較想不起內容，也較難套用學過的內容。

如果你養成了一心多用的習慣，試著按下反轉鍵，讓孩子看到你一次只全神貫注做一件事。

如果你發現孩子一次做幾件事，建議孩子停下來，做幾次呼吸，收回四散的注意力。請孩子只專注在一件事情上一、兩分鐘。「把心放在呼吸或身體的感覺上，其餘的事都不要管。現在想一想你的報告，你剛才寫的那一段是不是眞的表達了你要說的內容。」

你也可以建議孩子擱下全部事情，到大自然走走。在戶外呼吸是重新回到當下這一刻的好方法。

練習⑬：壓平耳朵

跟孩子做這個練習很歡樂。將拇指放在孩子雙耳的耳廓上端內側，將食指放在外側，動手「壓平」兩耳，輕微使力，順著耳廓的曲線一路壓到耳垂，重複幾遍。這是喚醒大腦的好方法。有時，我會建議孩子如果早上沒精神或是在學校考試前，都可以這麼做。

隨時都可以練習正念。事實上，我列出了一些搭車時可以做的練習，但很多家庭覺得每天固定時間做一個簡短練習的效果很棒。有些家庭發現，在出門上學前做幾分鐘練習，可以爲眼前這一天奠定良好的心境。花三分鐘很快地做一個練習，也能緩解早上雞飛狗跳的緊繃。有些父母則養成在睡前練習的習慣，讓孩子的心神舒放一點。或者，你們可以在晚餐開飯前，先到你們的特別空間坐一坐。

不要勉強孩子練習正念，像練鋼琴或寫作業那樣。邀請他們共襄盛舉。他們如果不感興趣，就隨他們去。很多父母會強迫中獎，硬要給孩子建議。聽起來很耳熟嗎？有一次我輔導的家長說自己如何苦口婆心，不斷勸導孩子什麼東西好、什麼東西壞。我問他：「你女兒有『報名』上你的課嗎？」他們安靜片刻，然後爆出笑容。

我們都知道孩子很排斥不請自來的評論或有助益的建言，因此，請尊重你的孩子，不要押著他們練習正念。如果你帶領的正念練習令人如沐春風，大概不會遇到這種阻力。假如遇到的話，就是讓你練習「不執著於結果」的好時機！

5個處理孩子強烈情緒的練習

練習1：大大的擁抱

哎呀，小孩喜歡擁抱，大概再明顯不過了。但請容我談一下擁抱，以防有來自禁止示愛的原生家庭的人低估了擁抱的價值。

孩子幾乎都能從緊緊的擁抱中得到情感的滋養。來自慈愛照護者的肢體接觸，能夠調節孩子尚在發育、往往仍不穩定的神經系統，讓它們安定下來。但更重要的是，擁抱能直接向孩子傳達他們最需要知道的事：自己深深受到珍愛。在長時間溫情擁抱的無聲交流中，一切該說的話都說完了。

的確有些孩子對親密的碰觸會不自在，假如你有這樣的孩子，你自然會知道。大致上，我會建議多多給孩子擁抱，以及擁抱的「近親」——亦即親吻孩子的頭頂。有些家庭會採用在事態急遽惡化時互相擁抱的做法。他們會停止咆哮，放下所有的談判，大大地張開雙臂。

以下是邦蜜．拉蒂丹在《誠實幼童》中，對祖父母擁抱的描述。她的說法或許太甜膩，我卻覺得可愛：「爺爺奶奶的抱抱是神祕的㉛。假如他們的抱抱是一種食物，那就是顆粒狀棉花糖沾完巧克力醬又捲上一層以獨角獸的氣息溫柔加熱的棉絮狀棉花糖。」她提出的步驟包括：「清除腦子裡的待辦事項。你哪裡都別想去」，和「笑得像過聖誕節」。

擁抱你的孩子。萬一他們不給你抱，你就用眼神擁抱他們，他們會收到你的愛意的。

練習②：允許掉眼淚

父母花了太多力氣阻止小孩哭泣。「別難過了。」「擦乾眼淚。」「又沒那麼糟！」正如同人體所有的神奇系統，哭泣機制也極度重要。記得「乾眼症候群」嗎？心理學家用這個詞描述不在乎我們恫嚇或拿走東西的小孩。他們的心腸變硬，情感凍結。

當我們撥出時間放慢腳步，靜靜地臨在當下，長期壓抑的痛苦情緒或許會浮現。

很多人讓自己片刻不得閒，以逃避尚未排解的悲傷或哀慟帶來的痛苦，但其實感受這些感覺，才能讓情緒在流通後消失。若能讓孩子了解可以准許自己感受情緒，包括棘手的情緒，那該多好。

安妮．拉拉在〈什麼會讓你哭？〉一文中寫道：

> 感受是內在的[32]，通常隱藏得了；但淚水是外在的，別人看得見。眼淚是表示「這人需要幫助」的明確視覺訊號。你身體上流血的傷口說：「注意，做點什麼來療傷止痛。」同樣的，淚水在說，我們有一個部族成員柔軟的心在流血，因此是部族在失血。「注意，去幫忙。」淚水……身體透過淚水告訴你，什麼對你很重要。壓抑淚水是自欺的一種

㉛ Bunmi Laditan, *The Honest Toddler: A Child's Guide to Parenting* (New York: Simon and Schuster, 2014), 40.

㉜ Annie Lalla, "What Makes You Cry," 安妮．拉拉：愛的繪圖師（*Annie Lalla : Cartographer of Love*），二〇一四年六月十日，Annielalla.com/2014/06/10/makes-cry/。

形式，也藏住了你最深的眞相……每一滴沒有哭出的眼淚，都是一個失落的頓悟、一個錯過的教訓、一個沒能發揮作用的時刻……淚水帶我們回家。

有時候，我們能爲孩子或我們自己做到最慷慨的事，就是靜靜坐著流淚。作家馬克・嘉夫尼（Marc Gafni）說，眼淚披露了我們在乎的事。我喜歡他的說法。鼓勵孩子在情緒強勢來襲時，允許液態的喜悅和哀愁從眼睛滲出。尊重這些撼動孩子以及你的激動情緒。讓淚水帶你回家，回到心扉內。

練習③：單足站立

金・英（Kim Eng）教導的「動態臨在工作坊」（Presence through Movement），是一種從肢體動作進入臨在的靈性修持。她提供了下面這個走出憤怒的方法。下一回，當你和孩子爆發激烈舌戰或陷入權力角力時，在你爭辯的時候，用單腳站立。爭執得愈熾烈，腳就要抬得愈高，如此一來，怒火幾乎不可能延燒下去。你可以請孩子也做做看。

這看起來或許很荒唐，但當你金雞獨立，你會明白荒唐的不是這個練習，而是你的小我。單足練習是在提醒你，你的小我在對一個情況起反應，而你可以放下這個情況。任何不尋常的姿勢或動作，都能拿來讓你從被制約的心智中抽離，覺察到小我，提升你的自我覺察。

練習④：創造一個和平角落

很多小孩告訴我，當兄弟姊妹的惱人行爲或父母的嘮叨令他們生氣，他們只想獨處一下。獨處，其實是照顧自己的健康方式。有個落實「獨處時間」的方法是在家裡規畫出一塊空間，供孩子在情緒風暴過後去重拾平靜。這跟孩子不規矩時罰他們坐禁閉椅或面壁思過相反。

在這個空間裡放一張懶骨頭沙發、一條舒服的毯子，把這裡命名爲「和平角落」或「我們的安全小窩」。在裡面擺一些東西，諸如舒壓球、毛根、蠟條、柔軟的填充動物、毛毛空氣球、散發宜人芬芳的東西、磁鐵、心愛的書籍或玩具、無限扭轉抒壓雕塑繩或布偶等等。孩子心情不好時，讓他知道可以到這裡放鬆心情、避開惹惱他的每個人。說不定，你也會不時地使用這個空間！

練習⑤：約定訊號

很多父母相信小孩利用鬧脾氣來操控大人，以得到自己想要的事物，但大部分小孩在按捺不住情緒、失控後都很難過，幾乎都會懊悔不已。只不過有時情緒大到小孩無力招架，而且他們不見得每次都知道如何控制住自己。

我在工作上，常說以斷除根源的方式避免親子問題很重要。但有時候，再怎麼努力避免孩子掀起情緒的風暴也是枉然。跟孩子約定一個訊號，當孩子被失控的感受淹沒、需要援助時，就用這個訊號告知你。這個做法是幫助孩子思考自己需要什麼才能回歸平靜，為預防情緒爆發負起責任，而不覺得因為喪失冷靜而被我們批判。

「親愛的，你記得嗎？今天早上你因為找不到想穿的那雙鞋子，發了好大的火。那時候，你看起來心情很差，就好像你心裡颳起了颶風。」假設孩子認同你的說法，就可以接著說類似下面的話：「我想在你開始生氣的時候幫助你。我是不是能說什麼話或做什麼事，讓你比較容易停止生氣？假如我那時候抱抱你，或跟你出去走一走，你會想那麼做嗎？還是讓你獨處一會兒比較好？我們約定一個訊號，如果你情緒快發作了，就用這個訊號通知我，你覺得好不好？這樣，我就能做對你有幫助的事，例如抱抱你，而不是跟你說太多話或是給你建議，害得你情緒更激動？」

有的小孩會提出一個特殊的暗語，譬如「甘薯！」；有的可能會發明一個手勢，例如擺動一手的手指，或是拉拉一邊的耳垂；或者，訊號也可以是一個聲音，諸如「咻咻！」。

要知道，在情況良好時討論這件事，會比在孩子情緒瀕臨爆炸時才來談，容易多了。用一個訊號摘除激烈行爲的嫩芽，可以幫助孩子培養敏銳的情緒覺察力，進而掌控自己的情緒。

6個幫助孩子深層放鬆的練習

練習1：滅火

這個練習對焦慮、生氣、心情欠佳的孩子有益，可以幫助他們走出惱人思緒的大漩渦。

讓孩子坐下或躺下，說：「閉上眼睛，想像你坐在一架小飛機裡面，飛過身體的每個部位，就像消防飛機尋找森林火災的熱點那樣，尋找你緊繃的部位。也許你的胃有點緊，或胸口有壓力，或雙手在冒汗，或脖子緊緊的。注意這些感覺，想像『放鬆之水』淹過那些部位，撲滅緊繃和壓力的火勢，就這麼消除了那些東西。當你在心裡對著承載壓力的那些部位灑水，注意愉快的放鬆感覺出現了，享受那個感覺。」

練習②：舉辦身體部位的放鬆競賽

這個技巧聽起來雖然很傻氣，卻已經證實是走出忙碌的心智、加深放鬆的趣味方法。

我會躺下來，閉上眼睛，但不是掃描身體哪裡緊繃，而是尋找最放鬆的身體部位。我會眞的向身體宣布我們要舉行比賽，最放鬆的部位就贏了！很妙的是，當我從頭部、脖子、背部、手臂、腿等等一路移動，我注意到每個部位都多放鬆了一點點，以爭取「勝利」。就衝著這個練習的傻氣，你的小孩說不定會喜歡喔！

練習③：用吸管呼吸

做這個練習時，你們都要有一根吸管。請孩子正常呼吸幾次，再請孩子吸一口氣，將吸管含在嘴裡，一手放在吸管尾端約一吋遠的地方，然後從吸管裡吐氣。吐氣要慢，目標是讓在吸管尾端外面的手連一絲氣流都感覺不到。做兩、三次輕鬆的呼吸，請孩子再吸一口氣，重新含住吸管，緩緩吐氣，一樣要慢到手感覺不到氣流。最後，不用吸管也能做這個練習，吐氣時只要將一隻手放在鼻子或嘴巴外面，一樣輕輕地吐氣，要輕到感覺不出氣流。

練習④：給孩子一個平靜手環

鄭重地爲孩子戴上一個細小的手環，宣稱這是「你的特殊平靜手環」。然後一起坐下，做一個曾經幫助你孩子感覺寧靜、沉著的靜心練習。做完練習後，讓孩子碰觸手環，建議他把寧靜的感受灌進手環，直到手環吸滿了沉著的能量。「當你覺得坐立難安或心煩意亂時，就碰碰你的手環，記起冷靜的感覺。」

練習⑤：大幅搖擺

這是我接受「願景訓練」（vision training）時學到的練習。我發現它不只幫助我在從電腦移開視線後放鬆眼睛，也幫助我重拾舒放的感覺。這可能跟平穩的動作有關，就像在母親子宮裡的搖晃。

讓孩子站著，雙腳與肩同寬，說：「眼睛保持睜開，將上半身向右轉，再向左轉，腳要貼在地上，可是身體扭到另一邊的時候，腳跟可以離地。讓視線隨著動作移動，不要固定在定點上。別試圖看清楚任何東西。讓眼睛飛掠過眼前的幾百個點，不定睛看任何地方，同時左右扭動身體。」

這個練習做得愈久愈有效益，但就算只做三、四分鐘，也很能令人靜定下來。

練習⑥：做嬰兒式瑜伽

有非常多可促進放鬆的瑜伽體位。我最喜歡教小朋友做的動作之一，就是嬰兒式——名稱眞貼切。從跪姿開始，將臀部坐到腳跟上，同時身體往下，向前伸展到碰觸墊子。手臂放在身體兩旁的地面，胃部在大腿上，額頭靠在墊子上。這個體位可放鬆全身，是能夠消除壓力的許多體位之一。

9個讓家人間更親密的練習

練習①：分享感恩

我做家庭諮商的時候，通常會以一輪的感恩分享作爲開場。每位成員輪流站起來，說出過去這一週以來對每一位家人明確的感恩事項。

「爸爸，謝謝你跟我去騎腳踏車。（哥哥）麥斯，謝謝你讓我到你的房間跟你玩，沒把我趕出去。（妹妹）凱西，謝謝你幫我找到鞋子。我忘了我在後院脫掉鞋子，但你還記得。媽咪，謝謝你照著我的喜好，在我的麥片裡加杏仁。」

每位成員在等待發言的家人會說到自己的什麼事時，那充滿期待的臉孔，會散發出近乎幸福的光芒。這些簡單的話語、軟化的心，總是會觸動我的心弦。很多家庭都定期做這個練習。別人的感謝幾乎可以在一瞬間改變我們對這個人的觀感，就算這人是可惡的哥哥也一樣！

練習②：在日常生活中增添歡樂

許多孩子的生活似乎嚴重缺乏歡樂的要素。在此提供一些可增添日常嬉鬧的點子。我非常推薦把多跟孩子玩耍變成你的日常習慣。

- 在家裡追著孩子跑。
- 吹泡泡。

- 常跟孩子打打鬧鬧。
- 在大家吃完晚飯離席之前，繞著餐桌遊行，用鈴鼓和卡祖笛（一種簡單有趣的玩具笛子）伴奏。
- 玩躲貓貓。
- 打枕頭仗。
- 請每位家人準備一則笑話，在晚餐時分享。
- 在用餐前唱一首感謝的歌。
- 跟鄰居策畫卡拉OK之夜。
- 舉辦家庭迪斯可派對，或一起學方塊舞。
- 一起下廚。由你充當孩子的副手，讓孩子規畫菜單，你則負責切切剁剁。
- 玩彈珠（這仍是我心愛的遊戲之一）。
- 舉辦猜謎大會。
- 辦一場左鄰右舍才藝表演會，你們全家可合力負責一場表演。
- 用外國口音請孩子收拾玩具，要輕聲細語，活像你是夢想王國的女王。
- 每個月都跟每一個孩子安排一次約會之夜，去你們沒去過的地方。

- 在晚餐時吃早餐的菜色。在草地上用餐，或是到公園舉行傳統的野餐，跟朋友們玩拋雞蛋遊戲和接力賽跑。
- 一起盪鞦韆。
- 玩擲馬蹄鐵遊戲、玩沙包、射飛鏢。
- 寫書法（非常正念又有創意的活動）。
- 在淺水池戲水。
- 一起用粉筆在人行道上畫畫，創作出全家的傑作。
- 比賽瞪眼，不可以眨！或是微笑比賽，每個人都要盡力不笑出來。
- 來一場家庭打鼓音樂會，可用邦哥鼓、大小鍋子和木匙，任何東西都行。會跳舞的家人可以隨著節拍起舞。
- 每年都帶孩子蹺課一次：開車到學校，但到了之後繼續行駛，展開沒有事前規畫過的一日冒險。「要轉右邊還是左邊？」一路隨意決定方向。

愛默生說：「懂得玩耍是一項愉快的才能。」跟孩子玩樂是改變親子關係酸鹼值（見第三章）的最快辦法，還能重拾情感連結。玩個開心吧！

練習3：一天享受三種樂趣

這是一個有趣的親子活動，能把注意力從心智活動（通常涉及插頭、螢幕或電池）轉移到單純因爲居住在肉身而有的樂趣上。這取自瑪莎·貝克的《享樂：擁抱幸福的10道心靈快樂餐》。

請每個家人完成下列句子，每個類別都要說出五種令他們喜歡的事物。你們其中一人可以作記錄，然後從這些愉快的事物中挑出至少三種來享受。

1. 我喜愛的滋味是：＿＿＿＿＿＿
2. 我喜愛的畫面是：＿＿＿＿＿＿
3. 我喜愛的觸感是：＿＿＿＿＿＿
4. 我喜愛的氣味是：＿＿＿＿＿＿
5. 我喜愛的聲音是：＿＿＿＿＿＿

你們發掘的答案，或許會引導你們去做全家忽略已久的美好活動。當你記起自己喜愛百合的芬芳，或許會讓你想起你有多喜歡逛花店，這可是提振精神的簡單方法。

也許你會想起聆聽鳥鳴很令人放鬆，於是你便更常到公園的長椅上坐著，沉浸在鳥鳴中。

練習4：正念繪畫

跟孩子畫畫，是一起安住當下的好方法。讓小傢伙挑選一個簡單的物品，吩咐他只要畫出看見的東西就好。讓以語言為主、喜愛分析的左腦，可以在你單純地畫出眼前物品時安靜下來。留意細節。繞著物品走，從不同角度看。這個活動有助於喚醒我們對眼前事物「原貌」的覺察力，很適合親子一起做。

練習5：說故事

在這個數位超載的年代，很多孩子喪失了在心裡建構畫面的能力，更打擊了他們享受閱讀好書的意願。說故事能為人帶來歡樂，啓動想像力，讓孩子靜下來。有很多方法可以讓孩子投入超越時間的說故事藝術。親子依偎著，塑造一個不尋常的角色，瞧瞧當你開始編造故事時會怎樣。別擔心自己是否「擅長」說故事。你付出的心力，便足以逗樂孩子。

另一個選項是「輪流」編故事。由你說出第一句話，然後讓每個孩子輪流加進一、兩句話，鋪陳敘事。由於孩子們要合力編故事，因此一定會保持警醒，全神貫注。你也可以選擇聽故事。有些才華洋溢的演員會唱作俱佳地錄製有聲書。我最喜愛的說書人之一是大會堂製作公司的吉姆・魏思（Jim Weiss）。

說及聽故事很輕鬆，卻可建立情感連結，培養兒童專注的能力。在故事天地裡玩個盡興吧！

練習⑥：「三個對」的對話練習

這個練習不用說也知道，但我還是要講。與孩子連結情感的最佳方法之一，是擱置手上的事，聽孩子說話。孩子感興趣的事物，你也要感興趣。問問題。談論蜘蛛，或《芝麻街》裡的人物艾蒙，或氣候變遷。當我們為孩子放下全部事務，以開放的心胸和好奇心認識孩子的內心世界，便重建了親子連結，強化情感依附。

在第六章，我提到可以用我稱之為「三個對」的練習，加深親子的共同認知和同理心。以下是這個練習的範例，摘自我和一對母子的輔導實錄。首先，湯馬士以幾分鐘時間，向媽媽說明一件心煩的事。媽媽答應認眞傾聽，不打斷他，不翻白眼，不替自己辯護。最後，我指示她向湯馬士提出三個答案是「對」的問題，讓他覺得媽媽聽進了他的話、得到肯定，之後母子換手。

湯馬士：「媽，早上你的火爆脾氣眞的讓我很火大。我不喜歡你怒氣衝衝地到我房間對我大吼大叫。你對珍就溫柔多了。這不公平。我早上精神很不好，希望你肯讓我睡久一點。我不懂爲什麼我一定要在六點四十五分起床。我們不到七點半根本不會出發，我準備上學也不用像珍那麼久。早餐我一點都不想吃，你卻硬要我吃，我明明就不餓。其實我在車上吃一根早餐營養棒就好了。但你還是要我起床，坐在餐桌前，我希望你讓我在床上睡久一點。我眞的很睏。我要說的就是這些。」

媽：「謝謝你，湯馬士。我聽到你說你不懂爲什麼你得那麼早起床。聽起來，你可以在四十五分鐘內準備好出門。」

湯馬士：「對。」（我豎起一根手指，表示媽媽得到一個「對」。）

媽：「我還聽到你說，你眞的很不喜歡我在早上吼你。那滋味眞的不好受。」

湯馬士：「對啊。沒錯。」（我豎起兩根手指）

媽：「我記得，我聽到你說你希望在車上吃早餐。」

湯馬士：「不對，我只是想在車上吃一根營養棒，不是全套的早餐。」

媽：「好。你希望在車上吃早餐棒就好，因爲你要在床上窩久一點。」

湯馬士：「對！」（我豎起三根手指，表示媽媽已經拿到三個「對」。）

媽：「好，我知道了。謝謝你跟我說這麼多。」

現在輪到媽媽，她必須尊重地回應湯馬士的話，並且換湯馬士要贏得三個「對」，讓媽媽也覺得自己的話被聽進去了。

媽：「我了解你早上很沒精神，要起床眞的很難。但我也很爲難。每天早上我穿過走廊到你的房間時，整個人都神經緊繃，因爲我覺得沒力氣又跟你對槓。我必須在八點半之前進公司，如果不把你們準時送到學校，我就會遲到，然後老闆會擺一整天的臭臉給我看，說不定還覺得我沒有認眞看待這份工作。我希望我們揭開早晨序幕的氛圍可以融洽一點，因爲我愛你，跟你吵架我會難過。吵架傷害了我們兩人。我希望你準時睡覺，早上就不會那麼睏，我們就可以相親相愛地展開新的一天，我也不用從一早起床就覺得壓力好大。」

湯馬士：「好。嗯，我猜你說過如果我們上學遲到，你上班就會遲到，那你就會惹上麻煩。」

媽：「對，大致沒錯。但我不會惹上麻煩，像是被叫去校長室之類的，可是我的上司會注意到，他很討厭我遲到。」（我豎起一根手指。）

湯馬士：「好。我還聽到你說，你到我房間的時候都神經緊繃，因爲你不想又跟我吵架。」

媽：「對。」（我豎起兩根手指）

湯馬士：「呃……我不記得還有什麼了。」

我請媽媽再說上一分鐘左右，然後我們將場子交給湯馬士。

湯馬士：「喔，對。你還說你希望我們可以開心地展開新的一天。你說你愛我，你不喜歡我們沒有和樂相處的早上。」

媽：「眞的是這樣。謝謝你聽我說話，湯馬士。我眞的很感謝。」

（我豎起第三根手指，表示湯馬士得到三個「對」了。）

湯馬士：（很羞怯地）「好。」

我一再從這個練習看到的是，單純的聆聽與肯定，就可讓人敞開心扉，因而比較能同理他們惱怒的對象。在這樣的氛圍下，就可以有新的可能性或協議。或可說每個人都從一開始認爲對方是敵人，到最後變成同隊夥伴。這是個簡單卻強效的練習。

練習⑦：增加一個早上的道別慣例

在送孩子上學之前做一段簡扼的正念練習，只要一分鐘，就能讓孩子以好很多的心境展開一天。加進培養情感連結的元素，也可以讓黏人的孩子比較容易道別。這可以是握著手一起深呼吸三次，也可以是三秒鐘的擁抱，或你們兩人編的一首小曲子。小孩很喜歡慣例。你愈是讓孩子習慣在平日練習時把心錨定在感恩之情或情感連結上，孩子便愈有可能自己持續這麼做。

練習⑧：送出笑容

分享笑容是人類建立連結的簡易方法。綻放笑容可以觸動別人的心弦、建立信任、促進同理心，且舉世通用。不只如此，笑還有實質的健康效益！笑會降低血壓、放鬆身體、釋出腦內啡、協助消弭壓力。對著急急忙忙吃早餐的孩子或是走進門裡的妻子露出洋溢愛意的笑容，效果立竿見影。

來一則甜蜜的註腳：婦產科醫生凱立・安德魯—嘉嘉（Dr. Carey Andrew-Jaja）會為他接生的每一位新生兒，唱「生日快樂歌」。他唱歌迎接到這個世界的孩子，至今已超過八千人。想像如果每次孩子走進一個房間，我們都靜默地頌讚有他在眞好，將會給孩子什麼影響。讓孩子覺得自己深深地被愛，是給孩子的禮物。

練習⑨：愛之饗宴

我們都希望自己的本色受到欣賞。駕臨我網站的訪客只要訂閱我的新聞信，就會收到一支影片，裡面介紹了一個我稱爲「氾濫之愛」的練習。在影片中，我請父母們最少寫出十個他們對孩子的喜愛、欣賞之處，然後撥出時間，將清單念給兒女聽。很多父母告訴我，這個只需幾分鐘的小活動，大幅改善了他們的親子關係。

讓孩子知道我們珍惜他們的本來面貌，就是給了孩子一場愛的饗宴。我極度建議對你愛的人，說出他們有哪些令你開心、喜愛的地方。

10個顯化幸福美滿人生的練習

練習①：設定意圖

多數時候，我在走進諮商室做個案之前，就會設定諮商過程要明晰、臨在、智慧的意圖。我每年主持「覺知的父母」高峰會，各界名人會在四天活動期間進行一連串對談，包括珍・古德博士、雅莉安娜・哈芬登、喬・卡巴金❺、艾拉妮絲・莫莉塞特❻、州議員提姆・萊恩（Tim Ryan）。開場前，我會跟每一位嘉賓以片刻時間設定意圖，希望我們的討論可以打動天下父母心，促進提升、啓發、支援。我上車後，則會閉著眼睛設定一路平安的意圖，然後才上路。

教孩子們設定意圖很簡單。只要協助他們以正面的措詞，描述他們希望事情如何發展——也許是在學校的一場表演如魚得水，或是在即將開始的考試裡感到自信。帶著明晰的意圖進入一個情境，可令我們的體驗大不相同。

練習2：表達感謝之情

感恩是本書探討的每個議題的根基。感恩改變了一切——我們與生活裡正在發生的大小事的關係、接納跟我們互動的人的能力、樂於活在當下的能力。感恩將最艱難的經驗，轉化爲我們能擁抱的事物。我可以用一本書的篇幅談感恩，雖然已經有很多人寫過了！以下是一些你或許會想在生活裡採行的點子。

誰做了什麼令你感恩的事，就讓對方知道。我們很容易忘記感謝別人的好意，但

❺ Jon Kabat-Zinn，正念減壓（MBSR）創始人，美國麻州大學醫學院榮譽教授。
❻ Alanis Morissette，加拿大歌手。

也很容易就讓對方知道我們都看在眼裡並心懷感激。親自說一聲簡短的「謝謝」就行了，尤其是當你停下來、在開口時真心道謝的話。簡訊或電子郵件，可以讓人知道你看見了他們的心力。打通電話很窩心。但最好的莫過於親筆寫封信，寫地址、貼郵票，透過郵政系統寄出去，而你知道收件人可以一遍又一遍愉快地閱讀你的感謝函。寫信是一門失落的藝術，我認為我們應該復興寫信的風氣。假如你有興趣，甚至可以鼓勵孩子們寫感謝信，但只限在輕鬆的氣氛下。若是強迫孩子寫感謝函，孩子可能一輩子都不想再寫了！

練習3：在「指責罐」裡投錢

前文談過承擔犯錯的責任很重要。別人可能會給我們可趁之機，讓我們為自己不厚道的行為辯白，但我們必須協助孩子學會替自己的行為負責。不論我們是不是看不慣對方或情況，責怪他人都令我們顯得沒有擔當，不進行可以讓我們走向快樂的改變。指責罐可以幫助全家人脫離受害者的模式。

概念很簡單：誰指責別人犯了錯，誰就在罐子裡投進十分錢。（有些家長把牢騷或埋怨都列入要罰錢的行為！）人生是我們親手打造的，而不是任憑我們控制不了的事物宰割，這個活動可以是培養這種認知的重要手段。

練習④：一趟短短的感恩之行

想一個距離你家車程很近的地方，然後養成習慣，只要你開車到那個地方，你就做一遍這個練習。從你離開家門起，直到你抵達雜貨店、學校或公園，都要大聲宣告你感恩的事物。就這麼簡單。「今天早上冷死了，眞高興我有這件溫暖的夾克。」「我很感恩我們剛才喝到美味絕頂的冰沙。」「我很感恩有你們在——你們這些小傢伙！」

車程結束時，你會很訝異自己心花朵朵開，而且充滿感恩！

練習⑤：三十秒的感恩

這是你現在就可以停下來做的練習。看看周遭，目光落在你身邊的一件東西上。選擇尋常的物品，一個你看過無數次的東西。也許是你旁邊的一杯水。仔細看著，停下來欣賞它。想想設計這個杯子的人，這個人如何想像握住杯子、用它喝水的感覺；當他在決定杯子尺寸時，如何預先料想你的手有多大，如何料想杯口靠到嘴巴上時嘴唇的觸感。想想杯裡的水，想想幫忙建構淨水廠來淨除汙染物、讓你可以安全解渴的人。讓自己放鬆地感恩這杯樸實無華的水，感恩讓這杯水可以出現在你身旁桌子上的全部力量。這個練習整天都能做，可以用來感恩的物品其實是無限多的。去體會感恩的經驗進入你的內在。

另一個三十秒練習是將手放在心口上，一邊審視你擁有的福氣，與你的心和靈魂重新連線。讓感恩像溫暖的光遍布你的胸膛，向當下的奇蹟敞開心扉。天天做這個練習，生命會煥然一新。不妨乾脆用智慧型手機設定鬧鐘，每一、兩個小時就提醒你做一遍這個練習，好好鞏固感恩的心！

練習⑥：做感恩紙鍊

這也是可以跟孩子一起做的簡單活動。至少剪出二十條紙條，在每一條紙張上寫一件感恩的事。之後，將這些紙條做成紙鍊，懸掛在廚房、客廳或大門外面，好提醒你們要感恩。好玩喔！

練習⑦：預覽今天

早上連眼皮都還沒睜開的時候，預覽即將展開的這一天，對你可能會遇到的每個人悠然生出感恩之情——孩子、配偶、鄰居、老闆、同事。針對每一個人，列出最少五件你感恩的事。這絕對能讓你的這一天過得順暢一點。在孩子上學前跟他們一起做這個練習也很棒。

練習⑧：黏住美好的事物

神經心理學家瑞克・漢森創造了「魔鬼氈－鐵弗龍症候群」（velcro-Teflon-syndrome）一詞。他說大自然重視的是我們的生命安危，不在乎我們能不能在任何特定情境下感到愉快，因此，我們對負面經驗的記憶會比正面的深刻很多。於是，野豬對我們的威脅便高於鳴唱的小鳥。

因此，負面經驗像魔鬼氈一樣黏著我們，附著在我們的意識上，我們會溫習這些經驗，一遍又一遍……再一遍，而且往往就在我們上床睡覺時。（「我加班處理那個案子，老闆竟然沒有感謝我，眞不可思議。我賣命工作，他都不感激我！我砸了那麼多時間在公司。」）幸好，我們可以改寫這種迴旋墜入負面思考的模式。

我們在覺知中維持正向的時間愈久，發射並串連起來的神經元愈多，就能創造容易感到快樂的宜人大腦環境。因此，要讓正向經驗留下來（而不是順著鐵弗龍塗料滑掉），就得聚焦在正向體驗中至少二十秒。漢森說：「你讓愈多的神經元因爲正向的事實發射[33]，神經元就愈會串連成正向的神經結構。」

寫感恩日記，記下你生活中的正向經驗，畫出你感恩的特別事物，向別人讚美你遇到的美好事物或大聲對自己說。這些活動至少都要花二十秒，你聚焦的力量將可確保神經結構轉爲正向。

練習9：留意正向的事物

體驗到愉悅的事物時，譬如多汁藍莓的味道、一起哈哈笑的孩子們、曬得皮膚暖洋洋的陽光，請讓自己沉浸在美好的感受中。讓正向的感覺如同野火般橫掃你的身體，點燃對喜悅的超高敏銳度。要知道，當你對美好的體驗保持覺知，神經元便在發射、串連在一起，建構更耐久的快樂途徑。

練習⑩：向負面念頭說「取消、取消」

我們選擇不了第一個念頭，但第二個念頭可以由我們作主。也就是說，負面念頭可能突然浮現在腦海，但我們不見得要延續它黑暗、陰鬱的路線。如果負面或限制性的信念冒出來了，諸如「我不敢相信強納森那麼自私」，或「我絕對搞不懂這台果汁機要怎麼組裝」，這時就說：「取消、取消。」重點在於立刻消滅盤旋墜入負面情緒的可能。

13個父母自我成長的練習

練習①：跟自己的內在連結

要預測我眼前這一天會過得如何，最佳指標是看我有沒有和靈魂連線。這就像出海的船隻，漂流的船隻可能偏離航道好幾浬，而下了錨的船，即使在波濤洶湧的海域

㉝ Rick Hanson，《接受美好》（*Take in the Good*）新聞信，二〇〇九年十一月十八日，www.rickhanson.net/take-in-the-good/。

中，也都會定在下錨處的海上。

不論睜開眼睛迎接新的早晨時有什麼待辦事項或活動，多數人都會感受到忙碌的壓力。要叫小孩起床、要做早餐、打包午餐、要收電子郵件……清單沒完沒了。許多人做事都很急切，以爲愈早開工，愈快完工，壓力就沒了。但眞相當然是解決了一件待辦事項後，另一件會立刻取而代之。我們的事情永遠做不完，追不上進度，不能完成每一件我們必須照顧的事。

即使只有一時半刻，如果不跟內心的試金石連線，便忙著進行一日的事務，我們便是在欺瞞自己。以下是我發現的心得：內心的美好感受是令一切增色的祕密沾醬。當我聚焦在靈魂上，內心便快活不少，也更加忠於自己。我會搖頭納悶，自己竟然連續幾天沒做能給我豐沛喜樂及平靜的事，或者不太做那些事。

但我會忘記。生命的安排似乎是要求我選擇內在的經驗，要有意識地脫離外在世界的誘惑，泅泳於內在世界。這並不容易。我會受到花花世界吸引。到處都是可能令人分心的事物：報紙、電視、電子郵件、該澆水的花、該回的電話。這還是身邊沒有小孩的生活！有小朋友的父母們，連要抽出幾分鐘啜飲內在的平靜之井都很難，這點我清楚。

從我練習靜心冥想四十年有餘的經驗中，我還發現，內心的感受希望我們向它獻殷勤，它就像躊躇再三卻不凡的情人。但當我明確地決定即使時間短暫，也要全然投入內在體驗，持續在心智漫遊時轉而聚焦於內在的感覺，我便會得到無法言喻的體驗。那神聖無比、甜蜜且溫柔。我恢復自己的本色，我的心因為我撥冗提供它最想要、最喜愛、最需要的東西，而小小地歡唱舞動。如此一來，無論我一整天做什麼事，那種感覺都仍然在背景低迴不已，至少有些日子會是如此，或最低限度可維持到外界的喧囂變得太吵鬧為止。但即使在那種時候，最深層的我，照樣記得什麼才是真實的內在，而不致於在忙亂之際過度迷失。

靜心冥想是一種練習，而不是可以拋進嘴裡的藥丸。認識自己、了解自己的真實樣貌需要時間。這是投資。不是每個人都想走進內在深處，那也無妨。每個人都應該遵循心的呼喚。

要遵循心的呼喚，我們得先靜下來聆聽。當你沉浸在帶給你祥寧或喜悅的事物之中，要留心注意。向那種感覺獻殷勤，給它送花，給它寄情書。在你身為妻子、丈夫、伴侶、母親、父親身分之下的感受，是真正的你。就像你的孩子，它要你正視它、愛它。它要你的時間和關注。投資心力滿足它，你——在你的外在身分或扮演的角色之外的你——將會得到豐沛的報償。撥出時間這麼做。抛下船錨，跟你的內在自我連線一會兒，再開始你的一日事務。我想，你會很高興自己這麼做的。

練習2：無所事事十五分鐘

抽出十五分鐘空檔，找個可以獨處的地方。（我了解這談何容易啊，但擔待我一下吧！）也許是一條步道、你家的後陽台，甚至是你的車裡。儘量確保沒人會在這十五分鐘打擾你。瑪莎．貝克形容這是在生命裡擺出「沒有空房」牌子。

她接著說，下一步是坐著靜心冥想，或是做一件不必用腦、動作反覆的活動來讓身體有事可做，例如走路、溜直排輪、慢跑。看著風拂過原野上的青草，或是看著漣漪漾過池塘。

然後，她邀請大家清空腦袋。「典型的人類心智就像被一隻精神錯亂的松鼠靈魂霸占的超級電腦[34]，時時刻刻都在算計、期待、記憶、幻想、擔憂、囤積、發狂地從一個念頭蹦到另一個念頭再蹦到另一個念頭。」在這個階段，只要旁觀你的念頭，不要論斷。你可以把腦海裡的念頭想成汪汪叫的小狗。你是在路上緩步慢行的大象，這些無害的小狗就在那兒狂吠。

最後一步是打造一個避風港的心智畫面，供你在承受壓力或混亂時錨定自己。回想一個你覺得祥和、靜謐的地方，世界在這裡停止轉動，而你感到深度的歇息和滿足。你可以在無所事事的十五分鐘內，想像自己造訪這個地方。這對於重拾生命的平靜感和平衡，很有助益。

練習3：尋求交集

在機場時，我有時會做這個練習，但我也在其他時候做過。我會走過航廈，特地尋找有空與人交流的人——視線的交會、友善的笑容、點個頭。這樣玩的時候，常會發現很難找到不匆忙的人，他們在看錶，或是大驚小怪地要孩子別亂跑。但我不時地會中大獎，從另一雙眼睛得到可愛的提醒：不論我們要往哪兒去，我們都只在此地、在此刻，而一切都安好。

㉞ Martha Beck, *The Joy Diet: 10 Daily Practices for a Happier Life* (New York: Crown, 2008), 18.

練習④：讚賞自己

這可能是難度數一數二的練習。我帶領個案練習時，有時得像拔牙似地，才能讓他們破冰。但這個練習的力量很強大。

想一想你欣賞自己的哪些特質：和善、慷慨、耐心、幽默感。列出所有你喜歡的個人特質。若擠不出來，就請朋友告訴你五樣他們喜歡你的地方。（萬一仍然有困難，就跟他們說你在修課，這是作業！）天天看你的清單，儘量增加新的項目。

我們若不體認自己的美好良善，就會很難得到別人的愛及合作。一定要讓自己明白，你對我們所有人來說都是一份大禮。

練習⑤：在動怒時回歸內心

有時我們動怒，是因爲孩子的行爲牴觸了我們的信念。如果你成長的環境認爲小孩應該立刻做大人吩咐的事，或是認爲絕對不可頂撞父母，當你的孩子不肯出一份力，或是回嘴，你可能就會反應激烈。

當孩子出現了對我們的天生性情來說很異類的行爲，我們可能也會發脾氣。吵鬧的孩子比較容易惹性情溫和的母親生氣。如果我們很重視某些人的意見，譬如我們的配偶、朋友、婆婆或岳母、最愛的親職「專家」，而我們相信自己並不符合他們的期許，我們可能也會失去冷靜。

當你察覺自己背離了內在的親職智慧，試試以下的練習。

1. 靜定下來。正視實際發生的事——你的小兒子堅持要吃奶油義大利麵，或女兒不肯關掉電視。只要知道自己內在的感受就好。

2. 如果猛烈來襲的念頭開始助長你的氣惱，問：「現在我腦海裡的是誰的聲音？」是我的母親還是父親？一個嚴厲的老師？

3. 不要試圖甩掉那個聲音，跟它交朋友，假定它是一片好意。它的目的是什麼？它試圖讓你免除什麼下場？它在幫助你看見什麼？也許它在告誡你的態度不夠果決。也許它在說你危險地失控了。

4. 探詢那個聲音之下的需求。也許它在說：「我怕你不知道該拿兒子怎麼辦。我擔心如果不嚇唬你或批評你帶孩子的方式，你就不會繼續設法管住他好鬥的傾向。」

5. 寫下你從這個見解得知的事。對你內在的聲音說：「我收到你的訊息了，謝謝，我打算要這麼做。」

這個活動可在心理諮商時做，或者如果你在上親子教養課程，正在挖掘是什麼阻礙你冷靜而慈愛地當家作主，那麼你也可以在課堂上做這個練習。這並不容易，但總是很有啓發性。

練習⑥：跳舞消氣

消除體內怒氣最快的方法之一是跳舞。播放你最心愛的輕快音樂，動起來！跳個一、兩首歌後，你可能連當初爲什麼暴跳如雷都忘了！我常用活潑的事物展開一天，或是在專心寫作後的休息時間跳跳舞，回歸身體及活在人世間的暢快。

練習⑦：說出讓你懷念的事

臨在當下是指連結生活的實際樣貌，就在當下；是指選擇待在這裡，即使「這裡」不太符合你的想像；是指跟孩子們在隔壁房間大笑（或爭吵）的聲音同在；是指你坐在鋼琴椅上協助彈得支離破碎的兒子練琴時，安住在當下。

但有時候，在我們可以對眼前的情境完全臨在之前，我們得先爲失去的事物哀悼，或至少是我們自以爲失去的事物。

用一點時間靜下來。將手放在心口，保持呼吸，進入眞心對自己慈悲的心境。肯定自己每天從一清醒就忙到晚上癱倒在床上的努力。心軟地看待你不得不超額付出的心力，以及你必須放棄的事物。

問以下的問題，等待答案浮現，不要強迫硬擠：「對於有孩子之前的生活，我有什麼懷念的地方？」靜定地等待。如果沒有浮現答案，那也無妨。如果你感覺到或聽到的答案在當下似乎莫名其妙，看看它會引導你到哪裡。

重要的是對你的一切保持慈愛、溫厚，允許一切都眞實無欺，即使那不是最眞實的眞相或不是全部的眞相。或許你懷念在爲人父母之前的晚餐，那時你可以全程都坐在位子上，不用起身爲誰拿東西。也許你懷念和另一半在閒暇時浪漫一下。你也許懷念長時間的泡澡，或是獨自在林間散步，或只是不必時時刻刻留意孩子在哪裡、狀況如何、或孩子應該做什麼事的心境。你可能懷念不受干擾地寫作、閱讀、靜心冥想。或者，你只是懷念在跟別人的生命如此交纏之前的你——也許你以前比較快活舒放，或精神比較集中、生產力似乎較佳。

思忖這個問題。或許你會想把浮現的想法說出口或寫下來。再提醒一次，如果沒有任何想法，也沒關係。不要強迫自己懷念你並不懷念的事物。但給自己空間，以便將有可能藏在檯面下、害你不能全心投入生活的事物揭露出來。

練習⑧：問自己一些艱難的問題

很多時候，我們不能把心放在孩子身上、與他們同在當下，是因爲就如同第三章的討論，教養兒女的實際情況和我們想像的不盡相同，甚至跟我們預期的截然不同，令我們失望、失志，乃至後悔。

這些都不表示我們不愛孩子，或我們希望沒有生下他們；只代表我們有需要面對的情緒，而不是掩蓋情緒。惹出麻煩的是我們的預期。假如你認定有了孩子就能鞏固岌岌可危的婚姻，你可能已經發現養兒育女令婚姻的壓力提高，而不是下降。假如你想像有了孩子，父母就會認同你，你可能會發現孩子給了他們一再批評你教養方式的機會。假如你相信有了孩子就能填滿心靈的空虛，你大概發現了沒那回事，孩子不但不能撫平你的空虛，還會因此付出慘痛的代價。

話雖如此，孩子確實讓我們的生活多采多姿。他們有時甚至能夠強化婚姻，跟近親們建立較濃厚的情誼，令我們心裡充滿想像不到的愛。問題是，孩子不會一直爲我們做到這些事。最重要的是，改善我們的婚姻、家庭關係、排遣我們的寂寞，並不是孩子的責任。就像電影《征服情海》那句淪爲荒唐的台詞——「你令我完整。」令我們完整並不是孩子的責任。當我們以那種飢渴的心養育兒女，我們就違反了自然的依賴階級關係。孩子理應依靠我們——他們不是來解決我們尚未滿足的需求的。

在你反省自己將什麼預期心理帶進親子生活時，以下幾個問題，或許會很有幫助。請你誠實，但也要溫柔地對待自己。我們對養育兒女都有期待。我們都希望有了孩子，生活會更好。我們都有希望長大以後可以撫平的童年創傷。如果你發現自己相信孩子會替你贏得認同、令你得到更多關注、消除你的孤單，那並無妨。如果出現一些痛苦的醒悟，請讓值得信賴的專業人士協助你走過那些陳年的感受。

我聽過一段訪問，受訪者是一位四處跟蹤二十七歲女兒的母親，她跑去女兒的工作地點、在她最愛的咖啡館打轉、一天到晚打電話「查勤」。她女兒覺得很沒面子，拚命想要有個人的空間。

訪談者質疑這位母親，她情緒激昂地說：「我愛我的女兒！我做了一輩子的母親！這是我的本分！這就是我！」心理學家勸她重拾孩子出世之前的興趣。她回答：

「我沒有其他的嗜好。我沒有做過別的事。我是一個母親。」她過度認同家長的角色，忘了自己是一個獨立的人類。而在這個過程中，她限制了女兒的自由。

以下是一些提供思考的問題：

你曾經希望從爲人父母中得到什麼？你曾想像養兒育女會如何改變你的生活嗎？

你是否曾希望生了孩子就能排解內心的空虛？

親職的實際情況如何牴觸你的期望？

有時候，你是不是希望能夠停格？你是否懷念孩子人生的初期階段，以致你很難接受他們現在的樣子？

同樣的，你可以慢慢來，做這個練習要寬容。沒關係的。

練習9：釋放害怕被論斷的恐懼

孩子在公共場所或親戚面前不規矩，會讓很多父母特別生氣。他們可能受到心理學家瑪莉．派佛（Mary Pipher）所說的「假想觀眾症候群」（imaginary audience syndrome）所苦，她自創這個詞來描述青春期少女的強烈侷促不安。但父母們也會有這種痛苦，他們相信別人會仔細地檢驗他們的一舉一動，只要他們沒鎮壓住鬧脾氣的孩子，或孩子忘了禮貌，別人就會無情地批判他們。

如果我們有假想觀眾症候群，就會害怕在我們認定需要討好的人心目中失去地位，於是進入律師或獨裁者模式來控制小孩的行爲，好在旁人面前保住面子。以下的問題能幫助你發掘這些羞愧感或高度侷促不安感的根源。

1. 你最害怕誰的批判？
2. 爲什麼你擔心這個人覺得你的親職能力低落？
3. 獲得這個人的認同能帶給你什麼？
4. 你還能從這個人的認同得到什麼別的嗎？
5. 還有別的嗎？
6. 你能不能以博取那個人肯定以外的方式，得到你寫在第三至第五題答案的事物？

這個練習可以披露一些不堪的眞相，卻也讓我們解脫、活得更眞實、能包容不完美等等，因此是無價的練習。

練習⑩：用不同角度看孩子的角色

有時，個性和自我會困住我們，以致看不到在名字、標籤、長期觀點之下，我們和孩子是怎樣的人。試試看：暫且忘記孩子的名字。忘了孩子擅長什麼，或孩子做功課、做家事都令你傷神。忘了你是孩子的母親或父親。只要退後一步，將孩子看作是一個注入肉體容器中的靈魂，以這種親密的方式和你共同在這裡旅行。在孩子入睡以後做這個練習可能容易些，但清醒地和孩子共度幾分鐘也不錯，試著把孩子當成你靈魂摯愛的兄弟姊妹。可是別忘了，在這輩子，在這個時刻，你扮演家長的角色；你和你的孩子在靈魂層次上是平等的，但在地球上，你仍然是當家作主的成年人。

練習⑪：拍拍胸口說：「好了、好了。」

父母往往擅長安撫孩子。我們爲了孩子的小擦傷而大驚小怪，爲了疼痛而大呼小叫，然後將媽媽或爸爸的愛注入破碎的心裡。

然而，我們在傷心時，有時卻對自己那麼殘忍，眞是何其可悲。「我早該知道的！」「我不該爲了那個心煩！」

我一再說過，爲人父母很難。眞的很難。其實是艱難到極點。因此，不可能不碰到非常煎熬的時刻。也因此，我很愛做接下來的練習，並且要敦促你也做。

當你覺得被壓垮或極度沮喪，你就如同對待受傷的小兒子或小女兒那樣，慈愛地碰觸你的胸口，說：「好了、好了。」我要你說出聲音。父母不會比孩子更不配得到柔情照護與安撫，我們卻很吝於承認有時真的很難顧全一切。

下次當你覺得卡住了或困惑，或你懊悔自己做過的事，就說：「好了、好了。」說的時候，一定要拍拍你的胸口。

練習⑫：小步地、慢慢地走向改變

在我全部的著作、課程、演講中，我不但提供資訊和啓發，也儘量幫助父母作出務實的生活改變。在這個前提下，我要請你回想本書的內容，想想你覺得哪裡特別有道理？什麼吸引了你的注意，或促使你省思自己的親職生活？迅速翻閱一下，看有什麼內容跳出來，或記起什麼想納入生活裡的事。

選出兩件你想在隨後三個月下工夫的事項。也許你想致力在發火時不批判任何浮現的感受。也許你決定對自己寬厚一點，更堅決地挑戰那些你對自己說的負面言語。也許你想放慢步伐，更專注在孩子身上。或者你決定好好練習爽快地道歉，願意認錯。

爲你選好的改變項目設定務實的目標。如果你決定改變跟孩子說話的口氣，以及增加與孩子相處的時間，以及減少使用電子產品的頻率，以及沮喪時要與你的感覺同在，以及面對壓力時要冷靜……總之，你懂我意思。想一口氣全面改變沒有用。無論如何，我毫不懷疑你教養孩子的表現大致上已經很不錯了！我只要你全心做兩件可以實質改變你日常生活的事情。甚至只做一件也行！

請在記事簿裡描述兩項你想在隨後三個月進行的改變。在這兩個打算之下，分別以一、兩句話說明爲什麼要做這項改變。你的生活將因而如何獲得改善？寫起來的樣子如下（我的網站也放了這項練習：www.SusanStiffelman.com/PWPextras）。

我要在接下來三個月著手的兩項改變：

1. 爲什麼我要做這件事（我的生活會有什麼改善？）：

2. 出現變化的證據（我要怎麼知道這些改變已經出現了？）：

你會迷失方向。就像做正念練習時假如思緒飄走了，就輕柔地把心拉回呼吸上，假如你偏離了你決定要培養的新行爲，要包容自己。也許你在允諾不碎念之後嘮嘮叨叨，或是決心在固定的時限內按下關機鍵，卻在網路上渾然忘我。要有耐心，並對自己溫柔。

在一天終了時，寫下你執行這兩項改變的進展，即使你得掏出放大鏡才找得到！改變是一小步、一小步發生的。在有些日子裡，你會覺得在退步，跌跌撞撞。那是意料中事。只要決心要下功夫，撰寫或記錄至少兩、三個你正朝著預定目標前進的證據。

有個故事說有一位牧羊少年希望自己壯到能舉起一隻羊，卻發現根本不行，他向父親哀嘆自己太虛弱了。他父親挑出一隻初生的小羊交給兒子，叮囑兒子每天抱著牠在羊圈走一圈，不可間斷。男孩覺得父親的指示無濟於事。畢竟，小羔羊那麼輕又那麼小，他想要抱得動完全長大的大羊！但他遵從父親的吩咐，天天抱著小羊繞著羊圈走，沒察覺到每一天，小羊都長大一點，男孩的肌肉也強壯一點。就在幾個月後，男孩發現自己抱得動變成大羊的羊兒了。

如果你決心過更有覺知的生活，就肯定你每一天的任何成功，所有的小成功都算數，那麼，你的家庭必然會出現改變。你會抱得動羊。你只管就在今天，從抱小羔羊開始。

練習⑬：戴橡皮筋

這個練習是作出實際且長久改變的簡易方法。這一招我不只讓成人做，也讓小朋友做，成效斐然。

選擇一件你希望戒斷的事，那可以是吼孩子，也可以是責怪別人。在你宣告要革除那件事時，在手腕戴上橡皮筋。有時，我會請一個家庭的每位成員都挑一項他們想禁絕的行為，然後請他們鄭重地戴上橡皮筋，一邊宣告他們的意圖。「我將這條橡皮筋戴到手腕上，據此宣告以後我跟人講話的口氣要好一點！」「我將這條橡皮筋戴到手腕上，據此宣告我不要再戲弄妹妹了！」

假如你疏忽，做了你想戒掉的行為，就將橡皮筋移到另一隻手上。目標呢？橡皮筋要連續二十一天戴在同一手上。

原因在於改變一個習慣約莫需要二十一天。假如你走到哪裡都有可以提醒你的東西，就比較容易記住自己有心改變。

【後記】

安住當下！你所渴求的已在那裡

印度有個男子離鄉求財的故事。幾年後，他帶著財富返家，途中有個小偷自稱也是旅人，然後跟他一道走。他們天天結伴同行，富人談論起自己的財富，以及現在有錢了打算做的事。每一夜，他們都一起投宿。當富人離房去吃晚飯，他的同伴就在房間裡翻箱倒櫃，尋找富人宣稱要帶回村子的錢財。

到了最後一天，眼看就要到男子的村莊了，小偷坦白以告。「我得跟你說，我是個賊。我打算偷走你的財富，可是每晚你不在房間的時候，我到處都找遍了，就是找不到半毛錢。現在你已經平安回到村莊，你就告訴我吧——你真的帶了那麼多錢嗎？錢都藏在哪裡呢？」

他的同伴回答：「我一遇到你就知道你是小偷，我曉得你會想偷走我辛辛苦苦賺來的全部財富，所以我把錢藏在你絕對找不到的地方。」

「那是哪裡？你藏在哪裡？」

富人說：「在你的枕頭下。」

當我們省悟到自己想要的、需要的一切就在我們手上，我們會得到眞正的自由。但我們都忘了。

在《與神對話》中，尼爾・唐納・沃許（Neale Donald Walsch）請我們想像神讓我們帶著失憶症進入人生。我們忘了自己是誰，以便體驗找到返家之路的至喜。要回家，就得非常靜定。我們必須能夠聽見並聽從內在的聲音，那個聲音在召喚我們回家。

我們多數人整天忙得團團轉，連我們有一個內在聲音都忘了，那聲音輕輕邀請我們在內心休憩，享受當下時刻，不論當下情況如何。孩童提醒我們——他們提醒我們，什麼是我們的自然狀態：埋在一層層恐懼、戒備、背離生命之下的狀態。孩童提醒我們，假如我們敞開心胸，活在驚奇、癡醉、感恩之中，我們可以成爲怎樣的人。他們提醒我們，枕頭下藏著什麼寶物。

我們尋尋覓覓的一切就在這裡。就在我們活躍的白天、無眠的夜、在愛探險的朵拉❼床單下的依偎、在棒球賽觀眾席上的喊叫裡。眞正拓展我們心靈的可能性，就在這裡。如果我們擁抱當下，我們會找到渴求的一切。

幸好，一個世代的父母致力於更臨在、更和諧、更投入地教養兒女，一道無形的侷限粉碎了。這種教養方式並不容易。事實上，對大部分人來說，這違反了我們從小到大養成的直覺，簡直就是進兩步退一步的旅程。但即使稍微用點心，更清醒、更投入地跟孩子相處，就會有無限的可能！不只你內心會體驗到較多喜樂、在家感到較多的祥寧，世界上也會有愈來愈多人在感覺受到正視、讚賞、喜愛的環境裡長大成人。想想那會爲我們旋轉的世界引發多大規模的改變。

我們有改變世界的機會，一次改變一個孩子，同時療癒自己，讓我們脫胎換骨。這可是天大的機會！天大的冒險啊！

養育孩子，的確是一趟靈性的朝聖之旅。一次過一個寶貴的片刻。

---

❼ Dora the Explorer，美國知名兒童節目，朵拉在每集故事裡都要完成一些任務或探險。

作者的話

謝謝大家閱讀。能夠獲准進入各位的生命，分享我在多年教學、諮商、教養孩子中形成的觀念，是我的福氣和榮耀。

如果想保持聯絡，希望各位能加入我們的臉書群組 www.facebook.com/SusanStiffelmanAuthor。這個群組裡志同道合的父母們日漸增加，他們不斷努力精進覺知的父母功夫，我常在這裡和他們互動。

也可以到 www.SusanStiffelman.com 或 ParentingWithoutPowerStruggles.com 訂閱我的新聞信，如此就能知道我的最新活動和公開行程，並得到實用的豐富資源。

想更深入了解我的著作，我提供各種面授和線上課程，幫助學員將我教導的觀念變成可落實在生活裡的做法。細節請見我的網站。要預約演講，請來信 parentingpresence@gmail.com。最後，如果有想說的故事或想法，可來信 parentingpresence@gmail.com。聽到我寫的觀點如何影響讀者是我的一大樂事，我也總是樂於向讀者學習。

眞心祝福你

蘇珊・史帝佛曼

謝辭

本書的寫作發生在我個人的重大轉變時期。隨著新的可能性誕生，我擱下長久以來的限制性信念，先是艾克哈特・托勒（Eckhart Tolle）和金・英（Kim Eng）邀請我讓新世界書庫（New World Library）出版《愛與覺知的教養》，納入他們新出的艾克哈特・托勒特編版叢書。我不但有機會跟我生平僅見最清晰、最聰敏的智者共事，艾克哈特・托勒甚至在我寫作期間協助編輯。艾克哈特和金對我的作品這麼有信心、這麼支持，好讓別人或許可從我一路走來的心得中獲益，我對他們再怎麼道謝都嫌不夠。

妙不可言的編輯傑森・加德納（Jason Gardner），謝謝你、謝謝你、謝謝你。有你在，我無時無刻不安心，你的快活令我精神一振，更別提你明智的修訂。芭芭拉・莫爾頓（Barbara Moulton），謝謝你全心付出，而且一直從旁爲我加油打氣。我優秀的文字編輯咪咪・庫什（Mimi Kusch），跟你合作眞愉快。

修讀我線上課程的人、讀過我前作的人、追蹤我《哈芬登郵報》專欄的讀者、參與我遠距教學的人、我們日漸成長的臉書族群成員，你們絕不會知道你們的電子郵件和評論提振了我，激勵我持續我的工作。在本質上，我是懶散的人。當我想到你們——眞實的媽媽們、爸爸們、爺爺奶奶們、教師們，運用我提供的觀點、從中受惠——我就有再接再厲的動力。謝謝你們的鼓勵，並且讓我知道我的見解幫上了忙。

我要特別點名葛倫儂・梅爾頓和她的 Momastery 團隊：艾咪・奧瑞克（Amy Olrick）和雅曼妲・道爾（Amanda Doyle）。你們深深信賴我的工作能力，還向你們的社群提供我的課程，讓我看見了我們能成就的事——我們眞的可以改善這個世界，一次提升一個孩子和一個家庭。謝謝你們和我一起縱身一躍。

媽媽，謝謝你的爽朗和愛，你都九十三歲了，還會打開電子郵件的附件，收聽我的線上研討會。謝謝你讓我看見不論年紀多大，生命照樣可以精采。特別謝謝我的額外媽媽們，貝佛麗・戈德（Beverly Gold）與貝蕾妮絲・卡普蘭（Berenise Kaplan），我愛你們。

我最有耐心、深情、和善、聰明、支持我、關懷、風趣、有才華、地表上最不可思議的男人——保羅・史坦頓（Paul Stanton），感謝你來到我的生命，這是個奇蹟。每天，我都慶幸自己吉星高照才會遇到你，感恩我們深厚驚人的愛。（另外，特別感謝你在我截稿日迫在眉睫的時候，準備那麼多美味餐點，還爲我按摩雙腳！）

最後，我的兒子亞力（Ari）——我生命中最偉大的老師之一，謝謝你以耐心和愛，對待持續在你身邊成長的我。願你永遠得到賜福。

【附錄】

延伸閱讀與輔助資源

我網站上的免費資源

- SusanStiffelman.com/PWPextras：聽我的錄音引導你做每一章最後的「屬於你的練習」單元。
- 蘇珊討論各個親職主題的錄音。
- 供下載的「辨識造成權力角力的潛在原因報告」，限新聞信訂戶。
- 「氾濫之愛」影片，限新聞信訂戶。

推薦書籍

對父母特別有幫助的書

《心相繫：八個證實有效的教養原則讓你養出情感親密又有慈悲心的孩子》（*Attached at the Heart: Eight Proven Parenting Principles for Raising Connected and Compassionate*

Children），芭芭拉・尼可森（Barbara Nicholson）、萊莎・帕克（Lysa Parker）

《青春，一場腦內旋風：「第七感練習」，迎向機會與挑戰》（*Brainstorm: The Power and Purpose of the Teenage Brain*），丹尼爾・席格（Daniel Siegel）

《父母的覺醒》（*The Conscious Parent: Transforming Ourselves, Empowering Our Children*），沙法麗・薩巴瑞（Shefali Tsabary）

《清醒分手》，凱薩琳・伍沃德・湯瑪斯

《EQ》（*Emotional Intelligence: Why It Can Matter More Than IQ*），丹尼爾・高曼（Daniel Goleman）

《正念父母心，享受每天的幸福》（*Everyday Blessings: The Inner Work of Mindful Parenting*），麥菈・卡巴金、喬・卡巴金（Myla and Jon Kabat-Zinn）

《壓力世代：以遊戲的招式協助孩子克服焦慮》（*Generation Stressed: Play-Based Tools to Help Your Child Overcome Anxiety*），蜜雪兒・坎布里斯（Michele Kambolis）

《哈姆雷特也愛瘋：數位書房的哲學家》（*Hamlet's Blackberry: Building a Good Life in the Digital Age*），威廉・鮑爾斯（William Powers）

《一把寧靜：用四顆小石頭擁有快樂》（*A Handful of Quiet: Happiness in Four Pebbles*），一行禪

師（Thích Nhất Hạnh）（適合小朋友的書）

《兩手空空的媽媽：如何放下電話、燒了待辦事項清單、放下完美、擁抱你的孩子：爲何父母必須比同儕重要》（*Hands Free Mama: A Guide to Putting Down the Phone, Burning the To-Do List, and Hold On to Your Kids: Why Parents Need to Matter More Than Peers*），戈登・紐菲爾德（Gordon Neufeld）

《沒有也是有嗎？：孩子的提問及禪門對生、死、家庭、友誼等等萬事萬物的說法》（*Is Nothing Something?: Kids' Questions and Zen Answers About Life, Death, Family, Friendship, and Everything in Between*），一行禪師

《失去山林的孩子：拯救「大自然缺失症」兒童》（*Last Child in the Woods: Saving Our Children from Nature-Deficit Disorder*），理查・洛夫（Richard Louv）

《放下完美，了解眞正要緊的是什麼！》（*Letting Go of Perfection to Grasp What Really Matters!*），瑞秋・瑪西・斯塔福（Rachel Macy Stafford）

《這樣玩，讓孩子更專注、更靈性：幫助你的孩子克服壓力、更快樂、更善良、更有同情心》，蘇珊・凱瑟・葛凌蘭

《爲什麼她們都不跟我玩？：第一本探討女性霸凌眞相的專書》，瑞秋・西蒙

《分道揚鑣後的親子教養：分居與離異的家長如何養出快樂而有安全感的孩子》（*Parenting Apart: How Separated and Divorced Parents Can Raise Happy and Secure Kids*），克麗絲汀娜・麥吉（Christina McGhee）

《遊戲力：陪孩子一起玩出學習的熱情與自信》（*Playful Parenting*），勞倫思・柯恩（Lawrence J. Cohen）

《像青蛙坐定：給孩童的正念練習》，艾琳・史妮爾

《第五十六號教室的奇蹟》（*Teach Like Your Hair's on Fire: The Methods and Madness Inside Room 56*），雷夫・艾斯奎（Rafe Esquith）

《陪孩子靜心10分鐘：八個練習學會情緒管理，提升心智成長，給孩子更聰明、更健康、更幸福的人生》（*10 Mindful Minutes: Giving Our Children-and Ourselves-the Social and Emotional Skills to Reduce Stress and Anxiety for Healthier, Happy Lives*），歌蒂・韓（Goldie Hawn）、溫蒂・荷頓（Wendy Holden）

充滿智慧且啟迪人心的書

《破碎重生：困境如何幫助我們成長》（*Broken Open: How Difficult Times Can Help Us Grow*），

伊莉沙白・萊瑟（Elizabeth Lesser）

《堅持下去吧，戰士：擁抱亂糟糟的美麗人生的力量》（*Carry On, Warriors: The Power of Your Messy, Beautiful Life*），葛倫儂・道爾・梅爾頓（Glennon Doyle Melton）

《脆弱的力量》（*Daring Greatly: How the Courage to Be Vulnerable Transforms the Way We Live, Love, Parent, and Lead*），布芮尼・布朗（Brené Brown）

《相愛一生：談夫妻相處之道》（*Getting the Love You Want: A Guide for Couples*），哈維爾・漢瑞克斯（Harville Hendrix）

《快樂，不用理由：做好七件事，快樂一輩子》，瑪西・許莫芙

《我需要你的愛。這是真的嗎？：四個問句改變愛的關係》（*I Need Your Love-Is That True?: How to Stop Seeking Love, Approval, and Appreciation and Start Finding Them Instead*），拜倫・凱蒂（Byron Katie）

《在生命的核心》（*In the heart of life*），凱西・艾登（Kathy Eldon）

《享樂：擁抱幸福的10道心靈快樂餐》，瑪莎・貝克

《正念國度：一個讓我們減輕壓力、提升表現、重振美國精神的簡易辦法》（*A Mindful Nation: How a Simple Practice Can Help Us Reduce Stress, Improve Performance, and Recapture the*

American Spirit），提姆・萊恩（Tim Ryan）
《奇蹟》（*My Stroke of Insight: A Brain Scientist's Personal Journey*），吉兒・波特・泰勒（Jill Bolte Taylor）
《遇見100％的愛》，約翰・威爾伍德
《從容的力量》，雅莉安娜・哈芬登
《慈悲流轉：對信仰的一些想法》（*Traveling Mercies: Some Thoughts on Faith*），安・拉莫特（Anne Lamott）
《發掘快樂：以正念和自我慈悲克服憂鬱》（*Uncovering Happiness: Overcoming Depression With Mindfulness and Self-Compassion*），艾立夏・高斯坦（Elisha Goldstein）
《藝術之戰：突破障礙、打贏內在創意之戰》（*The War of Art: Break Through the Blocks and Win Your Inner Creative Battles*），史提夫・浦瑞菲德（Steven Pressfield）
《當生命陷落時：與逆境共處的智慧》（*When Things Fall Apart: Heart Advice for Difficult Times*），佩瑪・丘卓（Pema Chödrön）

其他資源和連結

- AttachmentParenting.org：提供如何促進親子深厚情感連結的資訊。
- EckhartTolle.com：對於想要更臨在地生活的人，艾克哈特·托勒的教誨是無價之寶。
- GreatHall.com：爲孩子鮮活地呈現歷史、神話、文學經典的得獎錄音。
- ImpactSelfDefense.org：影響力訓練是優異的自我防衛課程。
- LettersToOurFormerSelves.com：人們寫給早年的自己的動人信函，由我兒子亞力·安德森主持。
- MindfulnessCDs.com：喬·卡巴金的優秀正念冥想與課程。
- MindfulSchools.org：將正念帶進校園的線上及現場培訓課程。
- RootsOfEmpathy.org：著重在促進同理心、減少侵略行爲的教室課程。
- TogetherRising.org：這些線上群眾外包課程爲女性提供必要的支援，進而讓女性提升她們的家庭和社區。
- VolunteerMatch.org：讓你三兩下找到符合年齡與興趣的志願工作機會。
- TheWork.com：我很愛拜倫·凱蒂的轉念作業（the work），以及轉念作業對於破除沉重想法的效果。

BC1034T

愛與覺知的教養：
成為正念父母，教出自愛、自信與自覺的孩子

Parenting with Presence: Practices for Raising Conscious, Confident, Caring Kids

作　　者　蘇珊・史帝佛曼（Susan Stiffelman）
譯　　者　謝佳真
責任編輯　田哲榮
協力編輯　劉芸蓁
封面設計　斐類設計
內頁構成　歐陽碧智
校　　對　蔡函廷

發 行 人　蘇拾平
總 編 輯　于芝峰
副總編輯　田哲榮
業務發行　王綬晨、邱紹溢、劉文雅
行銷企劃　陳詩婷
出　　版　橡實文化 ACORN Publishing
地址：231030 新北市新店區北新路三段207-3號5樓
電話：02-8913-1005　傳真：02-8913-1056
網址：www.acornbooks.com.tw
E-mail信箱：acorn@andbooks.com.tw
發　　行　大雁出版基地
地址：231030 新北市新店區北新路三段207-3號5樓
電話：02-8913-1005　傳真：02-8913-1056
讀者服務信箱：andbooks@andbooks.com.tw
劃撥帳號：19983379　戶名：大雁文化事業股份有限公司

印　　刷　中原造像股份有限公司
三版一刷　2025年7月
定　　價　450元
ISBN 978-626-7604-60-1
（原書名：當下的父母：你是孩子自愛與自覺的典範）

國家圖書館出版品預行編目(CIP)資料

愛與覺知的教養：成為正念父母，教出自愛、自信與自覺的孩子/蘇珊・史帝佛曼(Susan Stiffelman)著；謝佳真譯. -- 三版. -- 新北市 :橡實文化出版 : 大雁出版基地發行, 2025.07
面；　公分
譯自：Parenting with presence : practices for raising conscious, confident, caring kids.
ISBN 978-626-7604-60-1（平裝）
1.CST: 親職教育　2.CST: 子女教育
528.2　　114006336